法教育の
教え方と学び方
クリティカル・シンキングのすすめ

Thinking LIKE A Lawyer:
A Framework for Teaching Critical Thinking to All Students

コリン・シール 著
Colin Seale

太田勝造 監訳

堀口愛芽紗＝大塩浩平 共訳

弘文堂

Thinking LIKE A Lawyer
A Framework for Teaching Critical Thinking to All Students
by Colin Seale
Copyright © 2020 by Taylor & Francis Group

All rights reserved.

First published in 2020 by Prufrock Press Inc.

Published in 2021 by Routledge, an imprint of the Taylor & Francis Group, an Informa Business.

Japanese edition published by arrangement through The Sakai Agency

目　次

第3部
クリティカル・シンキング革命の起こし方とは？

謝　辞

　本書をまず母であるルースに捧げます．母は，私が自分の潜在能力の限界まで自己実現を遂げるように，飽くことなく私の背中を押し続けてくれます．

　次に本書を妻であるキャリーに捧げます．妻は私が夢を見続けることを許してくれ，私が夢を追い求められるよう献身的に支え続けてくれています．

　私の子どもたち，ローズとオリヴァーにも本書を捧げたいと思います．子どもたちのおかげで，私は自分の夢を見失わないでいられます．

　私を支えてくれている家族，友人，同僚，そして先輩たち，名前を挙げていったらきりがなくなりますが，彼ら，彼女らは，私の夢がとんでもないものだと内心では思っていたかも知れませんが，私の夢を支持し続けてくれています．

　また，本書を学校現場の同志たちに捧げます．同志たちは「クリティカル・シンキング革命」の火を灯したいという私の夢を実現させてくれました．

　そして，最後に，私の教え子たちに本書を捧げます．教え子たちは，私が教えた以上のものを私にいつも教えてくれました．

コリン・シール
Colin Seale

はじめに

　私は，月間ベスト生徒賞にも，週のベスト生徒賞にも，今日のベスト生徒賞でさえ，これまで一度も選ばれたことがありません．高校1年生のときには80日も学校を休んでしまいました．大学では学業について行けず，もうすこしで中退しそうになりました，しかも2回もです．

　しかし，私は，米国ネヴァダ州ラス・ヴェガス市の，低所得層の子どもの割合が40％以上を占め，問題の多い学校を示唆する「タイトルⅠ学区」に区分される学校で，数学の教師としてフルタイムで教えつつ，法科大学院をトップの成績で卒業することができました．

　さらに驚くべきことに，私が教えた8年生［日本の中学2年生に相当］の学年全体の74％の生徒が，ネヴァダ州の統一試験で「完全達成」¹以上の成績を収めました．この成績はラス・ヴェガス市内で最も裕福な地域の，最も成績の良い学校と同等かそれ以上のものだったのです．しかも，私の生徒たちは，ソクラテス・メソッド［質疑応答形式の教育法］でクラスメートに教えることもできるようになり，また，多くの問題を解決できるプロブレム・ソルヴァー（問題解決者）にもなれました．

　この本は，私が教師として，また，法科大学院の学生として，成績不良を回避するために使用したのと同じ実用的な，「法律家の思考法」を活用することの有効性について論じるものです．

　さらに重要なこととして，この本は，教育の目的の背後にある，新しい指導理念の哲学的根拠を確立することを目指すものです．そ

1　［訳注］完全達成（proficient）は，ネヴァダ州の統一試験の達成度ランクの第2レヴェルの達成である．達成度ランクには「基礎達成（basic）」，「完全達成（proficient）」，および「先進達成（advanced）」の3つのレヴェルがある．たとえば2021年のネヴァダ州の高校生の成績分布の場合，完全達成以上のレヴェルに到達したのは，英語で約40％，数学で約25％のみである．

の指導理念とは，生徒たちのすべてが持つクリティカル・シンキング（批判的分析的思考）の潜在能力を完全に引き出すことです．

　私は，これまでの5年間，1つの疑問にこだわり続けていました．その疑問とは，学校現場で「クリティカル・シンキングをすべての生徒に教えようとしないのはなぜなのだろうか？」というものです．答えを見つけるための私の旅は，単なる好奇心に駆られただけのものではなく，教育の公平性をめぐるこれまでの議論に欠けているものを探し出そうとする，止むに止まれぬものです．

　学校を出た途端に罪を犯して刑務所に直行する生徒がいるという問題を指す「学校から刑務所への直行便問題」の解決や，蔓延する不登校問題［これは，何らかの理由で学年の10パーセント以上の日を欠席することを指す］への対処や，学業成績の人種間格差の解消などの重要な課題について，教育界の指導者たちが話し合うとき，全国レヴェルでの議論はほとんどの場合，学業成績の格差を埋めることを中心に展開されます．しかしその代わりに教師たちは，達成の頭打ちを生徒たちに克服させることの方に議論の焦点を当てるべきではないでしょうか．

　しっかりした教育の機会へのアクセスをすべての子どもたちに提供しようとする，この10年間の改革の努力の後であるにもかかわらず，より深い学びへの公平なアクセスを私たちは未だに提供できていないからです．

　クリティカル・シンキングこそ，より深い学びの中核をなすものです．しかし，学業達成における人種間格差を埋めるための奮闘の中で，私たちは受け容れることのできない二分法を生み出してしまっています．

　すなわち，一方で，クリティカル・シンキングは21世紀の本質的

なスキルであり，すべての生徒にとって必須のものです．実際，数学の教師からラス・ヴェガス市で最も権威のある法律事務所の弁護士に転向した私は，ネヴァダ州STEM連合［科学（Science）・技術（Technology）・工学（Engineering）・数学（Mathematics）の理系基本科目教育のための組織］の理事となったときにこの点を説きました．

すなわち，その理事会で私は，職業の将来について議論し，急速に変化する労働環境に備えるためには，クリティカル・シンキングのスキルをすべての生徒たちに身に付けさせることが緊急に必要となっていると論じたのです．

他方で，クリティカル・シンキングを一部の選ばれた生徒だけのためのものと位置づける学校システムが出てきています．そのような学校システムの中に，クリティカル・シンキングへの取組みを売り込むために，「証拠」としてマグネット・スクール［生徒を周辺から惹き付けるような魅力ある特別なカリキュラムのある公立校］，キャリア・技術アカデミー［大学進学や就労のための高等学校内の特別なプログラム］，才能のある生徒への特別プログラム，および一握りの少数の生徒のためのロボット工学および航空学の放課後プログラム，などを見せびらかす学校を私は見てきました．

そのような特別プログラムにより，圧倒的多数の生徒がこれらのより深い学習の機会から除外されているため，「クリティカル・シンキングは今もなお贅沢品と位置づけられている」ことが明らかなのです．

これは「クリティカル・シンキングのギャップ」とでも呼ぶべき問題です．そして，この格差はランダムに生じているのではありません．クリティカル・シンキングは教えることができないと，とりわけすべての生徒にクリティカル・シンキングを教えることはできないと学校現場の教師たちは信じています．あるいは，教師たちは，

自分にはクリティカル・シンキングを教える力がないと思っています．このような誤った理解のために，教師たちは一般の教育現場では，生徒に対して低レヴェルの質問ばかりに固執することがよくあります．

百聞は一見に如かず，です．すなわち，「どのようにやればできるのか？」の問題です．クリティカル・シンキングをどのように教えればよいのか，そして，「すべての生徒」にクリティカル・シンキングを教えるにはどうしたらよいのか，という問題です．

成績優秀者のための特別なエリート・アカデミック・プログラムで教える選ばれた少数の教師以外は，クリティカル・シンキングについての「教育方法」についてほとんど手がかりすら与えられておらず，クリティカル・シンキングを教えるための訓練とツールが入手できずに苦労しています．

このギャップは，「英語学習プログラム（ELL: English Language Learners）」の母語が英語以外で英語が十分話せない生徒たち，学業的に同級生に遅れをとっている生徒たち，または何らかの障がいで特殊教育を受けている生徒たちにとって一層大きな問題となります．

しかも，才能があると認められた優秀な生徒でさえ，「この子たちなら大丈夫だ」という教師の誤った思い込みのために，このギャップの犠牲になることも少なくありません．

実際は，「この子たち」はぜんぜん大丈夫ではなかったのです．ワイナーとその共同研究者たちが蒐集したデータによれば，次のことが明らかになっています（Wyner et al. 2007）．

「低所得層出身の成績優秀な生徒は，予定年限内に高校を卒業する傾向があるにはあるが，より恵まれた環境にある生徒たちに比べ

ると，レヴェルが相対的に低い，入学がより容易な大学に進学する
傾向があり（21%対14%），大学を卒業する確率がより低く（49%対
77%），大学院の学位を取得する確率もより低い（29%対47%）．」
(Olszewski-Kubilius & Clarenbach, 2012, p.7)

　低所得層出身の生徒で成績優秀な者は，4人に1人しか，大学入
学のために受験する全米統一学力試験であるSATやACTを受験し
ません．

　さらに，K-12システム［日本の小・中・高での教育に相当］を卒業
した生徒の40%から60%の者が，大学入学後に（高校以下での授業
内容を）再教育する必要があるという受け入れ難い事実をも考慮す
れば（Jimenez et al.），私たちが驚くほど多くの才能を教育すること
なく置き去りにしていることがわかります．

　これまで縷々述べたことに鑑みれば，1つの明確な結論が見えて
きます．すなわち，クリティカル・シンキング教育におけるギャッ
プはまったく弁護の余地がないということです．

　私たちは，クリティカル・シンキング教育の革命的改革を必要と
しています．そして，この革命は実現できる実践的なものでなくて
はなりません．

　教育についての会議で熱弁を振るう講演者たちは，「教育を根底
から改革する必要がある」と論じます．しかし，より高度な学習の
機会を生徒のすべてが公平に共有できるような変革を教育システム
にもたらすためには，どれほどの困難が私たちの前に横たわってい
るかを，私たちは正直に認めなければなりません．そうすれば，私
たちは，この教育改革という大事業は，その集中的かつ意図的な焦
点を，授業に当てなければ，成功することができないと認めざるを
えないでしょう．そのためにこそ，本書を出版したのです．

本書は，生徒のすべてが学習を通じて，自らの内に潜在するクリティカル・シンキング能力を引き出すことができるようにするための実用的マニュアルです．教師自身が，自分の子どもを通わせたくなるような授業をデザインするための，実用的なガイドブックです．

　これは，絵に描いた餅のお伽話などではありません．つまり，特殊な技術を駆使し，お金のかかる共同作業の場所で，「成績優秀者」だけを相手にしなければ達成できないようなことではありません．

　この本は，すべての教育指導者が，クリティカル・シンキング教育を実践するためのガイドブックです．教室が1つしかない校舎で教える先生から，少年院の教育施設の先生，すべて揃っている恵まれたマグネット・スクール（特別扱いの中高一貫校）の先生まで，すべての教育指導者のためのガイドブックです．

　革命というものは，プロパガンダもある程度はなければ起こりえないものです．だからこそ，本書の第1部で提唱する，圧倒的で実用的なクリティカル・シンキング革命は，宗教伝道の響きがあるのです．

　この第1部は，落ちこぼれから立ち直った私の自分史を紹介しつつ，クリティカル・シンキングとはいったい何かを定義し，その採用を推奨します（また，なぜ教えるのが難しいのかも説明します）．

　そして，なぜ，クリティカル・シンキング教育のギャップこそが，教育における最も重大な不公平問題であること，そしてなぜ誰もそれを語ろうとしないのかを，実用的な例を挙げて説明してゆきます．

　本書の第2部は「法律家らしい考え方」（以下，「法教育プログラム（thinkLaw）」と呼びます）の核心に迫ります．ここでは，生徒たちが生まれつき持っている正義感と公平感を，生徒たちのクリティカル・シンキングの潜在能力を引き出す梃子として活用するための，

実用的なガイダンスを紹介します。

　この第2部では，実例を用いて，クリティカル・シンキングのスキルとマインドセットとを発達させるための，魅力的で整備されたフレームワーク（枠組み）をわかりやすく説明します．用いる実例には，笑い出したくなるもの，珍妙なもの，本当にそんなことが起きたのかと思ってしまうような現実の裁判例などがあります．

　強力な法教育プログラムの戦略としては，多面的な分析，失敗の分析，調査と収集があります．それぞれの戦略を説明した後に続いて，それらの詳細かつ実用的な活用方法を説明しますが，それらはすべての学年においても，いかなる科目ででも使えるものです．

　最後に第3部では，法教育プログラムを採用した場合の実践上の意義について論じます．

　どのような戦略も，教育改革を困難にするような，実践上の障壁を解決できなければ意味がありません．

　第3部は，この難題を解決するためのものです．クリティカル・シンキング教育のための足場作りを支援し，このよく整備されたより深い学びを，生徒たちすべてが必ず体験できるようにします．

　この第3部はまた，クリティカル・シンキングのための実用的な方策を策定するための具体的なツールを説明します．それによって，紙の上では素晴らしく見えても，実践の場では破綻してしまう，ということがないようにします．

　その上で，やる気を空回りさせるようなやり方を批判し，より深い学びにもっと意図的な焦点を当てることで，生徒の学習への取組みをより良いものにすることの必要性を論じます．

　この第3部ではさらに，法教育プログラムの以上に述べた戦略を，さまざまな面で教師が対処せざるをえない2つの論点と関連付けま

す．すなわち，授業の進め方を改革することと，生徒たちの統一試験の成績を向上させることとの関連付けについてです．

　そして，生徒の日々の生活において両親や家族が勉強の一番重要な教師なので，この第3部には，法教育プログラムと同一のツールを家庭で活用するための，強力な戦略も説明します．

　生徒たちのクリティカル・シンキングのスキルとマインドセットを学校が引き出すために必要な変革は，生徒たちの家族を巻き込まなければ，うまくゆかないし，維持してゆくこともできないでしょう．

　読者のみなさんが本書を読み終えるまでには，クリティカル・シンキングがもはや贅沢品などではない世界を構築するために必要な実用的手法を手に入れていることでしょう．

　クリティカル・シンキング革命へようこそ！

第**1**部

クリティカル・シンキングの
ギャップを埋めよう！

第1章

落ちこぼれを乗り越えた私の半生！

　自分が子どもだった頃の話をすると，私は辛い気分になります．私の父親は，麻薬密売の罪で10年間投獄されました．それで私は，ひとり親の移民世帯で育つことになりました．

　そのとき私が直面した苦難について話すとき，私の話は「圧倒的に不利な状況で育った・に・も・か・か・わ・ら・ず」タイプのベタな美談のように聞こえてしまうかもしれません．でも，ベタな美談は重要な現実を無視するものです．

　私のサクセス・ストーリーは（私のような環境で育った多くの子どもたちの成功談と同様に），「・に・も・か・か・わ・ら・ず」ではなく「〜・だ・か・ら・こ・そ」に基づいたストーリーなのです．

　私は11月生まれなので，学校に入学するための出生月の要件に逆らう必要がありました．[2] 母は，私が幼稚園に入園するのを１年待ってからにする必要がないことを確実にするため，私に必要なあらゆるテストを受けさせたのです．

　半日制の幼稚園での経験はあまり覚えていませんが，私が行儀の良い児童でなかったことは確かです．『おさるとぼうしうり』[3] という絵本が大好きだったのをはっきりと覚えています．あまりにも大

2　[訳注] 米国の学年暦は秋に開始するので，たとえば，幼稚園の場合11月生まれは４歳のうちに入園してから５歳となるか，１年待って５歳になって入園してその年の11月に６歳となるかで，１学年の違いが生じる．多くの場合，４歳の子どもはまだ未熟だということで，１年待つか，特別のテストでパスしたときだけ４歳で入学させる．小学校からだと６歳からか７歳からかの差となる．

好きだったので，先生が物語の時間に他の本を読むことにしたとき，私は猛烈な癇癪を起こしたほどです．

　そして，間違った本を読むことよりももっと大きな罪は，『おさるとぼうしうり』を間違った読み方で読むことでした．「帽子はいりませんか！　帽子を売りますよ．1つ50セントで．」の売り声は，ヨーロッパ人特有の訛りで超大声で叫ぶべきだと先生に言ったのに（振り返ってみると，これはかなり不快な要求だった可能性があります），それを先生が拒否したとき，私は止むに止まれぬ怒りから，彼女のもとに走り寄って，先生の持っていた本をその手から叩き落としてしまいました．

　両親が別居を始めたとき，私はニュー・ヨーク市ブルックリン区のクラウン・ハイツに住む祖母の元に引っ越しました．そのとき，私の苦難はさらに現実的な問題となりました．私はいつも問題を起こしていました．中でも，小学校での初期の頃のトラブルは特にひどいものでした．

　たとえば，担任のクラスを持たず理科だけ各教室へ行って教えるタイプの先生だったリフトシッツ先生との間で問題を起こしました（しかし，本当のところ，理科の先生の名前が「糞［シッツ］を持ち上げる［リフト］」と同音だったのですから，どうして問題を起こさないでいられるでしょうか？）．

　リフトシッツ先生はあるとき私に，自分の行動についての反省文を100語で書くという罰を与えました．それで私は悪知恵を出し，頭の中で計算をして，「私は理科が大嫌いだ（I hate science）」と32

3　［訳注］原著は『帽子を売ります：帽子の行商人とおサルさんとそのいたずら』である（Esphyr Slobodkina, *Caps for Sale: A Tale of a Peddler, Some Monkeys and Their Monkey Business*, W. R. Scott, 1940）．著者のエズフィール・スロボドキーナはロシア生まれの米国人なので，ヨーロッパ訛りがあった．

回書きました［英語では3語なので，96語になる］．これでは4語足りないので，「私はあなたも大嫌いだ（I hate you, too）」と4語書き足したのでした．

これらの行動が，理由もなく出てきたわけではありません．私は幼稚園に上がる前から本をたくさん読んでおり，すでに算数もたくさん知っていました．私はほぼ毎日クラスで座っていましたが，同じことの繰り返しでした．つまり，先生は私がすでに知っている内容を説明するだけだったのです．そこで，私は他の児童たちに話かけました．こうして私は問題児となったのです．

先生は私が2分で終わるような練習問題を出すので，すぐに終えた私は他の児童に話しかけました．こうして，またしても私は問題児となってしまいました．それから，問題児となった罰として，先生は私にもっと多くの練習問題を出したのですが，それらの問題はもっと高度なものでも知的にチャレンジングなものでもなく，単に分量が多いだけの退屈なものでした．こうして，問題児としての私の学校生活のサイクルが繰り返されたのです．

その頃，面倒見の良い補助教師が母に，私にテストを受けさせるべきだと連絡しました．母はおそらく，私に何か問題があると心配したと思います．しかし，その補助教師は，私が英才教育を受けるべきかどうかのテストを受けさせるべきだと考えていたのでした．

そのようなテストは，私の学校はもとより学区内でも行われていませんでした．このテスト受験は，小・中・高を通じた「K–12」での学校生活12年間の中で，私にとって最重要の出来事となりました．

私は英才教育のテストに合格して英才教育プログラムに入りまし

た．それは，アストラル・プログラムと呼ばれ，公立第208学校に組み込まれて実施されていました．私がこの英才教育クラスの一員として入学したとき，すべてが変わりました．

　私が英才教育プログラムに編入されたのは，すでに学年が始まってからでした．その第一日目，黒板には文字か書かれており，それは「緑（green）」という語のようでした．私が周囲を見渡すと，皆が，白黒の作文帳に何か書き込んでいるのが見えました．

　わけが分からなかった私は，隣に座っていた生徒に「ねえ，ワークシートはないの？　何をすればいいの？」と尋ねました．彼は，無知な者を見るような目で私を見ました．「これは，創作的作文の時間だよ」と彼は言いました．「ただ何でも書けばいいんだよ．『緑』について何か書けばいいんだ．」

　これこそが，まさに私が必要としていた変革でした．今や私は，席を離れて，同級生たちと自由に話をしていいのでした．そして，先生に自由に質問をするよう求められたのです．

　自分たちで童話を書いたり，イラストを描いたりできるので，ここでのほとんどすべての課題が，『おさるとぼうしうり』を読むよりももっとワクワクさせられるものでした．STEM科目［科学・技術・工学・数学：理系科目］やSTEAM科目［科学・技術・工学・芸術（Art）・数学］が始まる前，2年生のうちから算数の選択科目がありました．

　しかし，魅力的なカリキュラムや整備された学習環境であっても，私特有の悪ふざけを封じ込めることはできず，ふざけすぎて英才教育クラスからしばしば出されてしまいました．

　英才教育クラスから出されたことで，初めて私は，教育における不公平さに目が向きました．私の通う英才教育クラスには生徒が24人しかいませんでしたが，同じ学校の他の普通クラスには30人以上

いることがわかりました.

　さらに驚いたのは, 私が英才教育クラスから出され, 行かされたどのクラスにも, 何人かは, 私自身を思い起こさせるような生徒がいたことです. 彼や彼女らはいつも問題を引き起こし続けていました. 彼や彼女らには勉強がやさしすぎるように見えました.

　私にとっての最大の驚きは, 2年生のクラスには2年生しかいなかったことです. 3年生のクラスには, 3年生しかいませんでした. しかし, 私の英才教育クラスは, 2年生と3年生とが混ざったブリッジ・クラスでした.

　私たち英才教育クラスの生徒がバスで通うこの「タイトルⅠスクール」では, 変革的な英才教育体験を受けられる生徒は, 1学年につき12人しかいなかったのです.

　この不公平さについて考えることで, 私は教育における自分の使命の指針となる原則に気づきました. すなわち, 才能は平等に分配されているが, それを伸ばす教育の機会はそうでないことがあまりにも多い, ということです.

　また, もう1つ, 私が理解に到達するまでに何十年もかかった決定的な収穫もありました.

　非白人のための英才教育プログラムのクラスの生徒24人のうち, 3人もが高校を卒業できず, 私はもう少しで4人目になりかけたのです.

　自分が8年生［日本での中学2年生］としてなりうる最高の8年生だと思っていたにもかかわらず, 私はもう少しで落ちこぼれて中退する4番目の生徒になりかけました.

　体育の授業と昼食を除いて, 中学校生活を通して, 英才教育プログラムの生徒だった私は, 他の一般のクラスの生徒たちとは交流が

ないままでした.

　私が6年生の頃,私たちの学校の6年生担当の教師チームは,私たちの中に何かを見抜いて,ニュー・ヨーク市の7年生［日本での中学1年生］の代数1に相当する内容を,私たちに教え始めるという前例のない決断をしました.

　こうして私は,8年生［日本の中学2年生］への昇級式に参加する準備ができるまでに,数学と英語で2倍の速度で勉強を教えられ,フランス語の高校の単位を取得し,全米優等生協会（National Honor Society）のメンバーにもなりました.

　それから突然,私はやる気をまったく失ってしまったのです.

　私は「やる気喪失症候群」に悩まされていました.私の卒業した中学校から,有名なブロンクス科学高等学校に通ったのは私だけでした.でも,ブルックリンからブロンクスまで片道90分もかけて通学することはあまり好きではありませんでした.そして,ほぼすべて黒人ばかりの小中学校から,白人でもアジア人でもない生徒の私が,全生徒の15%をはるかに下回るだけしか非白人がいないような学校へ行くのがまったく嫌でした.

　私は何か月も宿題を提出せずに高校に行くようになりました.それは,私が宿題をせずに学校に行くことについて,なぜか誰も心配をしなかったからです.私はアフリカ系アメリカ人の怠け者の男子生徒でした.

　私の高校は,ノーベル賞の受賞者8人,ピューリッツァー賞の受賞者6人,そして宇宙物理学者として著名なニール・ドグラース・タイソンが卒業しているトップ校でした.

　私はランチタイムには必ず自宅で昼食を取ることに決めたので,80回を超える欠席回数で学年を終え,ほとんどの科目で落第するか,

合格しても落第ギリギリかでした．それでも私に対して誰も注意や指導をしなかったのです．

　本当のところは，この高等学校は大変だったのですが，私の小中学校がそうであったような魅力的な意味で大変だったのではなかったのです．私の小中学校は，すべての点で私の好奇心にとって興味をそそられる魅力的なものでした．ところが，この高校は，困難であるためだけに困難を生徒に課しているように感じられました．

　9年生［日本の中学3年生］の科目のグローバル・スタディ［日本の地理に相当］では，映画『ガンジー』を見て，ワークシートのたくさんの質問に答えなければなりませんでした．私の母はヴィデオ・テープ2巻分の映画『ガンジー』を持って図書館から戻ってきました．そこで，私が小学生の頃から知っている男であるガンジーを描いた3時間11分の映画のヴィデオを見ました．見ながら，貴重な私の10代の週末から長い時間を切り取ってこの映画を見ることを，先生はなぜ私に期待するのかを理解しようとしました．

　これはまさに，私がやる気がしないタイプの宿題でした．そしてこれこそ，この「難しい学校」が私に求め続けたタイプの課題でした．

　私が成績不振から抜け出せたのは，私の可能性を無駄遣いさせないようにしてくれたある先生のおかげです．それがカウンセラーのサイモン先生で，彼女は，私を自分のオフィスに引っ張ってゆきました．

　サイモン先生は，生まれ変わったらテレビの刑事物『法と秩序（Law & Order）』に出てくるぶっきらぼうな刑事になりそうな顔をしていたので，私は彼女のことをただの意地悪なおばさんだ，くらいに思っていたのです．

しかし，サイモン先生は私のことを気にかけてくれていて，昔の中学時代の私の記録を取り出し，私には今の私が示している以上の可能性がある，と信じている，と言ってくれたのです．

　彼女は，私が授業をさぼるのを叱ったり，厳しい懲罰を与えたりするのではなく，私が自分のさぼりを問題として自覚するための自発的な自己点検手段として，毎回の授業に出席票を持ち歩くという選択肢を与えてくれたのです．

　サイモン先生は，私が自分の可能性を無駄にしてしまう悲劇の次の一人にならないよう支援することを，自分の使命として専念してくれました．

　正規の期間で卒業するためには，高校３年生になってからサマー・スクールに通って補講を受ける必要がありました．

　私の通っていた学校が工事中となったため，結局ブロンクス科学高等学校のすぐ近くにあるデュイット・クリントン高校に通うことになりました．

　その高校で，私はまた新たな目覚めを得ました．前に言ったようにランチ・タイムが大好きだった私は，そのため単位を落とした美術のクラスをサマー・スクールで受講しなくてはならなくなりました．しかも，学年の間に美術の単位を落としたクリントン高校の同級生がたくさんいるクラスで受講することになりました．

　そこで不思議なことが起こったのです．私がブロンクス科学高校に通っていることを知った担当の先生が，「あなたは本当は，本当に頭がいいんだよ」と大声で言いました．彼女は私の学業上の苦労のことは何も知らなかったので，美術が総じて苦手な私でも，このままではいけないと思うようになりました．

　宿題として石鹸を削って彫刻を作らなければならなかったとき，私は週末を丸々（『ガンジー』を見る時間の３倍も）費やして，自分

を信じて彫刻をデザインしたのを覚えています．先生が，自分を信じることの重要さを思い出させてくれたのです．私には優れた能力があると，彼女は疑うことなく信じてくれていたので，私もそう信じました．

それから私は，もうそれ以上やらなくてもいいと思えるまで，ひたすら頑張り続けました．人生というゲームのやり方に気づき，それを実践するようになりました．

成績は急上昇し，上級プレースメント・コース［実地体験がカリキュラムに組み込まれた選抜コース］の受講資格を得ることができ，私は心底からブロンクス科学高校の生徒であって良かったと思うようになりました．

私は，ドット・コム・バブルの絶頂期であった2000年に卒業した人なら誰もが合理的だと納得することを将来の進路に選びました．すなわち，コンピュータ・サイエンスを大学では専攻することにしました．

今まで1行もプログラム・コードを書いたことがなかったけれども，そのことは私の専攻選択では問題になりませんでした．

コンピュータ・サイエンスに私が好きなところがあるかどうか，まったくわかっていなかったということも関係ありませんでした．

米国で生まれた第一世代として，もし私が卒業できてマイクロソフトかどこかのいい仕事に就職できれば，母にはいろいろと自慢できる種になるだろうと思っていました．

高校の卒業式のゲスト・スピーチで世界的数学者のニール・ドグラース・タイソン氏が使った面白い数学的比喩で私も動機付けられたのかもしれません．比喩を使ってタイソン氏は「コンピュータ・オタクの時代」に生まれたことの面白さを私たちに教えてくれまし

た．ビル・ゲイツがいかに大金持ちであるかの数学的な説明によってです．

　タイソン氏は，当時の自分の仕事と給料を考えれば，道を歩いていて1セント硬貨［日本の1円玉に相当］を見ても無視すると言いました．たぶんニッケル［5セント硬貨＝5円玉に相当］だったとしても無視するだろうと言いました．しかし，ダイム［10セント硬貨＝10円玉に相当］だったら迷うだろう．そしてクウォーター［25セント硬貨］だったら絶対拾ってポケットにしまい込むだろうと言いました．

　これと同じ分析方法を用いて，マイクロソフト創業者の大富豪ビル・ゲイツだったら，1万ドルの札束が落ちていたって拾うわけがないと言いました．言い換えれば，今度は私が金を稼ぐ番が来たということなのだ！

　しかし，ハイテクの巨人となって数十億ドル長者のライフスタイルを送るという私の夢は，私のコンピュータ・ラボコースの初日に中断されてしまいました．

　私は，コンピュータ・サイエンスを専攻する前に，プログラムのコーディングの経験がまったくなかった数少ない学生の1人のようでした．

　そのため，私がコンピュータの電源を入れる方法を理解するより前に，少なくとも10人の同級生が研究室での課題を終了し，課題が簡単すぎるというように笑って教室を出て行きました．

　私が自分の課題を見下ろし，空白のコンピュータ画面を見て，象形文字のように見えるものを理解しようと何度か頭を掻いたときまでには，ほとんどすべての学生が課題を済ませて研究室から出て行ってしまっていました．

　それまで私は自分は頭が良いと思っていたので（だって，そうだっ

たでしょう?),がっかりし始めました.私がもっと若かった頃には,美術の先生も,私の家族も,そして多くの先生も,そう言ってくれました.

私がとても賢いのなら,なぜ私はこの課題をすることができないのか? たぶん私は,実際にはまったく賢くなかったのではないか? 頭の中でこの会話を終える頃には,大学院生の教育助手がやってきて,もう課題は終わったかと聞いてきました.

その時になって,研究室には,私とその院生以外誰も残っていないことに気づきました.私は理解できなかった課題を見て,それから空白のコンピュータ画面を見ました.そして私は「もう,やめた」と言いました.これは私がほとんど大学を落ちこぼれて中退しそうになった瞬間でした.

私は寮に戻る途中で泣きました.部屋に着くとすぐに母に電話し,どうしたらいいか分からなくなったので,誰か来てなんとか家に連れて帰ってくれないかと泣きつきました.振り返ってみると,私の泣き事に対して母に何と言ってもらいたかったのか覚えていません.

私は,6年生まで州のすべての数学評価で99パーセンタイルのスコアを得ており(上位1%内に入っていた),95パーセンタイルのスコアを得たときには(上位5%内まで落ちたときには),母から「失った4ポイントはどうしたの?」と尋ねられたほどでした.

私の母は,実際には,泣き出した私のそのときの状況で頼りになるタイプの人ではないことは分かっていたのですが,私には母しか泣きつく先がなかったのです.

しかしそのとき,母は彼女の内なるキャロル・ドウェック[4]とチャネリングして,私の人生での成功にとっては,学校で良い成績を取

---

4 [訳注] キャロル・ドウェックは動機付けとマインドセットの研究で著名な心理学者である.

ることよりも，努力を継続することの方が重要であるということを，私に思い出させてくれました.

　母は私に「あなたはいつも，どうするべきか自分で解決策を見つけてきたじゃない.そして今回も，あなたは何とかして解決策を自分で見つけるしかないのよ.もう，私は仕事に戻らなければいけないの.」と言いました.そして，母は実際にも仕事に戻って行きました.

　私も，気を取り直して，自分の課題に自分で取り組むことにしました.それ以降，私は教授のオフィス・アワーに少なくとも週に一度は参加し，理解できないところをどうしたら良いか指導してもらい，理解できるようになりました.

　科目最終課題の内容がつまらないと思ったので，私は音楽への愛情を取り入れたプログラムを作りました.私のプログラムは，曲のスコアに基づいてミュージシャンが演奏できるコードの音符を出力するというものでした.その結果，大学を落ちこぼれて中退する理由になりそうになったその授業でAを獲得できました.

　以上のような私の体験談を読んで，その上でさらに，私がシラキュース大学の学生会会長を務めたこと，同大学の歴史で初めて開催された「アフリカ系アメリカ人学生卒業式」で基調講演を行ったこと，「マックスウェル・スクール・オブ・シチズンシップ・アンド・パブリック・アフェアーズ」（行政学での全米トップの大学院プログラム）への入学を早期に認められたこと，授業料全額免除と，この1年プログラム修了に必要な生活費支給を獲得したこと，その後，格差是正に尽くす数学教師，児童福祉制度改革者，全米屈指の法律事務所での受賞歴のある弁護士を経て，全米に爆発的な影響を与える革新的な教育組織を立ち上げたことを知れば，このような私のことを，ある種の人生の勝利者と言いたくなるかも知れません.つま

り，多くの障害物に直面した<ruby>に<rt>・</rt></ruby><ruby>も<rt>・</rt></ruby><ruby>か<rt>・</rt></ruby><ruby>か<rt>・</rt></ruby><ruby>わ<rt>・</rt></ruby><ruby>ら<rt>・</rt></ruby><ruby>ず<rt>・</rt></ruby>，それらを乗り越えた成功者という人物像レッテルです．

　しかし，私の物語も，同様に多くの障害物を乗り越えた多くの生徒たちの物語と同様に，これは本当は「に<ruby>も<rt>・</rt></ruby><ruby>か<rt>・</rt></ruby><ruby>か<rt>・</rt></ruby><ruby>わ<rt>・</rt></ruby><ruby>ら<rt>・</rt></ruby><ruby>ず<rt>・</rt></ruby>の物語」ではなく「だ<ruby>か<rt>・</rt></ruby><ruby>ら<rt>・</rt></ruby><ruby>こ<rt>・</rt></ruby><ruby>そ<rt>・</rt></ruby>の物語」なのです．

　なぜなら，私の母はシングル・マザーとして2人の子どもを育てるために，爪に火をともすようにして貧窮に耐え，数々の制約を最適化し，あらゆる方法で資源，人，およびシステムを利用しなければならなかったからこそ，私には無限の可能性を信じることができるのです．

　「に<ruby>も<rt>・</rt></ruby><ruby>か<rt>・</rt></ruby><ruby>か<rt>・</rt></ruby><ruby>わ<rt>・</rt></ruby><ruby>ら<rt>・</rt></ruby><ruby>ず<rt>・</rt></ruby>ではなくだ<ruby>か<rt>・</rt></ruby><ruby>ら<rt>・</rt></ruby><ruby>こ<rt>・</rt></ruby><ruby>そ<rt>・</rt></ruby>だ」ということこそ，教師が生徒の持つ潜在能力と現実のパフォーマンスとの間のギャップを見い出す上での強力なレンズとなるものです．

　英語が母語でないので学校のELLプログラムに入って英語を学ぶ生徒たちは，複数の言語や文化にまたがって考え，行動することに多くの時間を費やしています．それに<ruby>も<rt>・</rt></ruby><ruby>か<rt>・</rt></ruby><ruby>か<rt>・</rt></ruby><ruby>わ<rt>・</rt></ruby><ruby>ら<rt>・</rt></ruby><ruby>ず<rt>・</rt></ruby>ではなく，それ<ruby>だ<rt>・</rt></ruby><ruby>か<rt>・</rt></ruby><ruby>ら<rt>・</rt></ruby><ruby>こ<rt>・</rt></ruby><ruby>そ<rt>・</rt></ruby>，そのような生徒たちは，学業面で優位となる大きな競争力を持っているのです．

　勉強に苦労している生徒たちは，苦労しているに<ruby>も<rt>・</rt></ruby><ruby>か<rt>・</rt></ruby><ruby>か<rt>・</rt></ruby><ruby>わ<rt>・</rt></ruby><ruby>ら<rt>・</rt></ruby><ruby>ず<rt>・</rt></ruby>ではなく，それ<ruby>だ<rt>・</rt></ruby><ruby>か<rt>・</rt></ruby><ruby>ら<rt>・</rt></ruby><ruby>こ<rt>・</rt></ruby><ruby>そ<rt>・</rt></ruby>，学業で大きな成功を収めるための基礎固めができているのです．学習上の苦労をしている，<ruby>だ<rt>・</rt></ruby><ruby>か<rt>・</rt></ruby><ruby>ら<rt>・</rt></ruby><ruby>こ<rt>・</rt></ruby><ruby>そ<rt>・</rt></ruby>学び方を学ぶことに習熟せざるをえないのです．

　クリティカル・シンキング教育が贅沢品でなくなる世界を創るには，すべての生徒に内在するクリティカル・シンキング能力の可能性を教師の側が認識することこそ必要なのです．

　落ちこぼれを乗り越えるという私の人生経験を通じて私が得たも

のは，世界を違った角度から見ることのできるレンズです．教師の皆さんには，私のそれと同じレンズを通して見てほしいのです．クリティカル・シンキングのギャップを埋めようとしている私の努力を通して，教師の皆さんに世界を見てほしいのです．

　教師がまず，すべての生徒が優秀な潜在能力を持っているという信念を持たなければ，世界中のありとあらゆるクリティカル・シンキングのためのヒントや戦略は意味をなさないものとなるのです．

　たとえそのような信念を持ったとしても，教師はさらに踏み込んで進む必要があります．すなわち，多くの生徒がその可能性を無駄にしてしまっているという悲劇を，これ以上繰り返させないようにすることを，教師としての自己の使命とすることが必要なのです．

　才能のある者たちを置き去りにすることをやめなければなりません．

第**2**章

クリティカル・シンキングとは？

「クリティカル・シンキングとはどういうものでしょうか？」

　全米を股にかけて飛び回り，法教育プログラム（thinkLaw）の訓練を教師の皆さんに施すとき，まず私は，いつもこう問いかけます．

　いつも決まって教師の皆さんは，「〜する能力」または「〜できること」という形で，さまざまなスキルのことだと回答するのです．たとえば，既成概念にとらわれずに考える能力，情報を統合する能力，エヴィデンスを用いて主張を裏付ける能力，複数の視点から問題を分析できること，などが最も一般的に見られる回答です．

　私はまた，全米の何千人もの生徒たちにこの質問「クリティカル・シンキングとはどういうものか？」をしました．

　子どもは子どもらしく，「クリティカル・シンキングとは，批判的分析的^{クリティカリィ}にものを考えることです」という素晴らしい回答をすることが頻繁です．ときとして，生徒の中には「クリティカル・シンキングとは，他の人をどうやって批判^{クリティサイズ}してやろうかと考えているときの思考の仕方です」という答えをすることもあります．

　しかし，ある生徒の回答は他のどの生徒のそれよりも際立っていました．それは，「クリティカル・シンキングとは，教師が学校で私たち生徒には決してさせないことです」というものでした．

　多くの場合に教師たちは，クリティカル・シンキングのことを，最も優秀な生徒だけが習得できるスキルであると考えています．

　上記の生徒の際立った回答は，私が教師としてのキャリアの中で

出会った中で最も鋭い青年であるロメルのことを思い出させてくれました．ロメルは驚くべき問題解決者であり，非常に創造的なものの考え方ができる子でした．しかし，問題だったのは，ロメルは私の担当クラスの生徒ではなかったし，算数や理科が彼の抱えていた問題ではなかったことです．

ロメルは，私が通っていた法科大学院の少年法の実務臨床プログラムで私が担当した非行少年でした．彼の抱えていた問題とは，成年年齢18歳の誕生日のわずか1か月前に重大な麻薬犯罪のガサ入れで逮捕されていて，どうやって成人としての刑事訴追をかいくぐるか，というものでした．

ロメルは裏社会で生きていて，生き残りの術を日々学ばなければならない生活でした．そうした生活を通じて，ロメルがクリティカル・シンキングのスキルを体得していたことは疑う余地がありません．

しかし，クリティカル・シンキングには単なるスキル以上のものが必要です．生徒たちはそれに加え，人生において，学業であれ仕事であれ，クリティカル・シンキングのスキルを「一貫して適用する」ためのマインドセット（心の持ちよう）と習慣とを身に付けなければなりません．

クリティカル・シンキングのこれらのマインドセット（**図表1**を参照）は，クリティカル・シンキングの実用的定義の中に欠けていることがしばしばです．でも，すべての教師はこれらのマインドセットに精通しているはずです．

なぜなら，間違いなく優秀な生徒なのに，想像できる最も愚かなことをいつもやってばかりいる者を，教師なら一度は教えたことがあって，その子のことが印象に残っているはずだからです．

よく分かっていることと，よい行いができることとが違うことは，たいていの場合に，クリティカル・シンキングのスキルとマインド

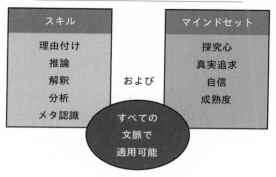

〔図表1〕 あらゆる文脈に適用できるクリティカル・
シンキングのスキルとマインドセット

クリティカル・シンキングとはどういうものか？

スキル		マインドセット
理由付け		探究心
推論		真実追求
解釈	および	自信
分析		成熟度
メタ認識	すべての 文脈で 適用可能	

セットの間のギャップによって説明することができます．

　生徒がクリティカル・シンキングのスキルとマインドセットを持っ
ている場合でも，クリティカル・シンキングは文脈に依存する傾向
が非常に大きいために，その実用上の定義はさらに複雑になります．

　算数を完璧にこなす生徒が，作文にはわずかな努力を払う意欲を
も，ほとんどまたはまったく示さないことが本当にしばしばありま
す．絵画を何時間も観察して分析できるほど美術を愛している生徒
なのに，理科の授業で化学反応を引き起こしている原因を突き止め
ることとなると，絵画鑑賞での観察スキルをすぐにシャットダウン
してしまうことが多いのはどうしてでしょうか？

　未来学者のアルビン・トフラーは，「21世紀の無学・無教養の人
とは，読み書きができない人ではなくなるだろう．むしろ，学ぶ力，
学び直す力，そしてさらに学び直し続ける力のない人になるだろう」
と指摘しています（Subramanian, 2016, para.7より引用）．

　教師は，クリティカル・シンキングのスキルとマインドセットを，
分野を超えて教えることをその使命とする必要があります（**図表1**

を参照）.

「学び方を学ぶ」とは，表面的な知識をすべての生徒が学べば済むということではありません．また，丸暗記がまったく必要ないということでもありません．

小学4年生が掛け算の内容を完全にマスターすることなしに，指数を理解するのに必要な数の感覚を身に付けられるといったら，それはとんでもない話です．同様に，シングル・マザーを主人公とするナサニエル・ホーソーンの『緋文字』の歴史的背景を知り，1692年～93年にマサチューセッツ州セイラム市で起きた魔女裁判のような過去の類似の女性訴追事件を参照することなしに，『緋文字』の主要テーマを有意義に深く分析することは困難でしょう．

したがって，教師の目標は，生徒が学び方を学び，その学びを分野横断的に適用することができるようになる上で必要な，誘導方法と探究方法とを生徒の身に付けさせることです．

あるテーマについて批判的分析的（クリティカカリィ）に考えるためには，そのテーマについてどの程度の内容的知識が必要となるか，についての議論が昂まっていますが，そこではクリティカル・シンキングを文脈横断的に適用することがキー・ポイントとなります．そこで特に重要になるのが，探究心と成熟度というマインドセットです．

最も賢明な学習者とは，自分が知らないことがらについて理解しようとする意識と，疑問点を徹底的に調査して実行可能な限度での内容的知識に到達しようとする真実追求の衝動を持っている人たちです．

順番として最後に，しかしその重要性の点で最後というわけではまったくない事項として，生徒は批判的分析的（クリティカリィ）に考えるに値する目

的を持っていなければなりません.

この点を強調するために，2019年8月3日（土）のことを思い返してみたいと思います．この日，他の多くの人たちと同じように，私もテキサス州エル・パソ市のスーパーマーケット「ウォルマート」で起きた国内テロという非道な行為のニュースを何時間も追いかけました[5].

私は目を閉じ，ウォルマートで自分の2人の小さな子どもと一緒に学校用品の買い物をする様子を想像しました.

娘が彼女なりの最大の交渉術を駆使して，新学期の買い物リストにある商品以外の不必要なものをさらに私に買わせようとするたびに，私が何度も「ダメだよ」と言っている様子を想起しました.

最も基本的な品々の買い物では，あちこちランダムに陳列棚の通路を探検し，途中で知り合いに出会ったりし，父親である私が「ダメだよ」と言う機会がさらに増えるという，私たちにとって時間のかかる冒険になってしまうという現実を思い起こして，私は微笑みました.

しかし，それから私は，エル・パソ銃乱射事件のような国内テロリストの行動によって，目撃者，犠牲者，そしてその家族たちの多くが感じた恐怖について考えました.

悲しみの思いに沈み，私は子どもたちにキスをし，犠牲者とその家族を支援するため「エル・パソ・コミュニティ基金」に募金した後，私は他に何ができるかを考えました.

毎年，何万人もの教育関係者に講演をすることができる，という特別な立場に私はあります．そこで，その特権を活かして講演の場で，私は自分の仕事の欠点を認め白状することにしました．そうす

---

5 ［訳注］ヒスパニック系米国人に対する白人至上主義者のヘイト・クライムで，この銃乱射事件で23名が殺害され22名が負傷した.

ることで，教師たちにクリティカル・シンキングだけでは不十分で
あるという真実を受け入れてもらいたいと考えたのです．

　クリティカル・シンキングの持つ限界についての指摘は，いまに
始まったことではありません．

　非暴力的な人種差別撤廃運動の指導者として著名なマーティン・
ルーサー・キング牧師は，まだモアハウス大学在学中だった1947年
に発表した論文で，単なる知的探求にのみ焦点を当てた教育の問題
点を的確に指摘しています．すなわち，「最も危険な犯罪者は，理
性はあるがモラルのない人間であろう．」(p.10) と述べています．

　この言葉は，牧師のより有名な言葉への序文にもなっています．
すなわち，「知性獲得と人格涵養，この両方が真の教育の目標であ
る．」という言葉です．

　この言葉を読んで，クリティカル・シンキングに欠けているもの
は人格教育であり，そこにもっと注力するべきだと結論づけるのは
簡単ですが，キング牧師が言いたいことはもっと大きいものなので
す．

　キング牧師はこの1947年の論文でさらに，「完全な教育は集中力
を付けさせるだけでなく，集中するだけの価値ある目的をも与える
ものである」と説明しています (p.10).

　世界のあり方を分析するためのツールを生徒に身に付けさせたか
らといって，教育は完全なものとなるわけではありません．教育は，
世界がどうあるべきかを問いかけるために必要なツールを生徒に提
供する場合にのみ，完全となるのです．

　客観性の神話，つまり教師が政治的であることが不適切であると
いう神話を拒否した場合にのみ，教育は完全となります．

　教育とは本質的に政治的なものなのです．重要な瞬間での沈黙は，
むしろ多くを物語ることになります［社会的・人間的に重要な事項が
問われているときに，客観性の名のもとに沈黙することは，それ自体極

めて政治的な行動である]．生徒たちは，この沈黙の意味するものを，大きくはっきりと聞き取ります．

私は，教師が生徒に特定の信条を刷り込むことを提唱しているのではありません．しかし私は，法教育プログラムでのクリティカル・シンキングのフレームワークの限界を明確に認めています．

このフレームワークに従えば，有効で関連性のある証拠に裏付けられた主張を行い，複数の観点から問題を分析し，結果を比較検討し，この分析に基づいて結論を導き出すように生徒たちを指導することができます．

しかしこれには限界があるのです．というのも，すべての問題がこのレヴェルまでを必要とするわけではないというのが，真実だからです．

1+1は2です．なぜなら，単にそうだからです．そして，1+1は[6]3ではありません．なぜなら，単にそうではないからです．白人至上主義は間違っています．なぜなら，白人至上主義が単に間違っているからです．

ある人たちが誰であるかとか，どこで生まれたかとか，あるいは肌の色が異なっているという理由でその人たちを憎むことは間違っています．なぜなら，それは単に間違っているからです．憎しみと無知に直面して沈黙することは間違っています．なぜなら，単にそ

---

6 ［訳注］公理と推論規則から命題を導出することが数学における「証明」であり，証明された命題が真なる定理である．この数学的証明の意味では，「ペアノの公理」から1+1＝2は「証明」ないし導出することができる．他方，日常生活や法の世界の「証明」は自然科学における「証明」の意味で用いられることが多い．自然科学における「証明」とは，仮説命題の意味する内容と外界の現象が「対応（correspond）」することを，実験や観察などで示す作業を意味する．この作業に成功すれば仮説命題が真である確率が高まる．この自然科学的証明の意味では，1+1＝2を「証明」することはできない．

れが間違っているからです.

　エル・パソ銃乱射事件の2年弱前,ヴァジニア州シャーロッツビル市での「ユナイト・ザ・ライト・ラリー」が悲劇につながったとき[7],私は同僚の教師たちに緊急の対応について行動を呼びかけました.しかし,同僚たちから実際に返ってきたのは単なる「思いと祈り」を捧げようというものでしたが,私が求めた反応はそれ以上のものでした.

　「道徳的宇宙の弧は長く遠いが,それは正義に向かって曲がっている」というキング牧師が1965年の演説で表明した信念は,単なる祈りだけのものではありません.弧は直接のアクションなしでは曲がらないのです.

　よって,憎しみ,無知,暴力が「集中するだけの価値ある目的」にならないようにするためには,直接的な行動が必要です(King, 1947, p.10).

　この本全体でクリティカル・シンキングについて私は言及していますが,この時点からの私の義務は,したがって,クリティカル・シンキングのギャップを埋めるだけではもはや十分ではないと主張することとなります.これを自覚した上でクリティカル・シンキングに言及するのです.

　言うまでもなく,強力な21世紀のスキルであるクリティカル・シンキングが,最もエリート校の最もエリート生徒だけに限定されたものではないことを再確認したいと思います.

　それと同時に,次の点も明確にする必要があります.すなわち,クリティカル・シンキングは,憎しみと無知を解体するために使用

7　[訳注]2017年8月に白人至上主義者が起こしたデモで,反デモ集団との乱闘事件となって黒人9名が射殺され,州知事が非常事態宣言を発令した事件である.

しなければならないものであり、そこに明確な焦点を当てなければ、十分なものとはならないのです（**図表2**を参照）。

　生徒たちが正しいだけでは十分ではなく、生徒たちは正しいことを行動に起こせなくてはならないという考えは、21世紀のクリティカル・シンキングの本質的な部分です。

　たとえば、著名な数学者のニール・ドグラース・タイソンは、議論のあるところではありますが、私たちの時代の最も重要な科学知識人です。彼はブロンクス科学高等学校の私の同窓生であるだけでなく、私たちの卒業式でのゲスト・スピーカーでもありましたので、私は少し贔屓目をしているかもしれません。彼のテレビシリーズ「コスモス（宇宙）」の成功と、『人生が変わる宇宙講座[8]』などの書籍を

〔**図表2**〕　クリティカル・シンキングのスキルとマインドセットは、ありとあらゆる文脈に適用され、単に正しくあることよりも、正しいことを実行することの方が重要であるという考えに基づいています。

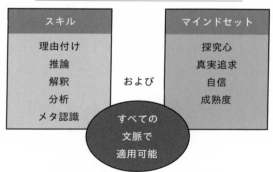

クリティカル・シンキングとはどういうものか？

スキル		マインドセット
理由付け		探究心
推論		真実追求
解釈	および	自信
分析		成熟度
メタ認識	すべての文脈で適用可能	

正しいことを実行すること＞正しくあること

8　［訳注］原題は *Astrophysics for People in a Hurry*, 2017で、邦訳は渡部潤一（監修）、田沢恭子（訳）として早川書房から2020年に出版されている。

通じて，彼は才能のある人であることだけでなく，複雑なトピックを一般大衆に巧みに伝えることができる人であることを証明しています．

　エル・パソ銃乱射事件の翌日，オハイオ州デイトン市で再び銃乱射事件が起きた数時間後に，タイソンが次のようなツイートを書いているのを見て，私は愕然としました．

> 「この48時間の間に，アメリカ合衆国では34人もの人が亡くなるという恐ろしい大量銃殺が起きた．
> 　しかし，任意にとった48時間の間に，平均で私たちは，
> 　　500人が医療過誤事件で死亡し，
> 　　300人がインフルエンザで死亡し，
> 　　250人が自殺で死亡し，
> 　　200人が自動車事故で死亡し，
> 　　40人が拳銃による殺人で死亡している．
> 　私たちの感情は，データよりも顕著な事件の方に強く反応するのである．」

　これらの数字を引っ張り出し，データで調べてみると，確かにタイソンの言ったこと自体は「正しかった」ようです．しかし，国家を挙げて喪に服すべきときに，計算上正しかろうが正しくなかろうが，それがどうしたというのでしょうか？

　確かに，平均を取れば48時間ごとに500人も医療過誤で死んでいるという事実は正しいですが，これらの医療過誤事件の平均値を国内テロと比較すべきなのかどうかが問題なのです．

　学校用品を買いに行くという，何の変哲もなく，罪もない行為をしている人たちが，自分たちが何人であるか，つまり人種を理由に追いかけられ，銃撃されるとき，安全であるということの本質が打ち砕かれることになります．

　データ的に正しいことは，正しい行動をすることほど重要ではなく，そして，この区別こそが重要なのです．

これほど深刻なものではありませんが，正しいことと正しい行動との区別の重要性を示す出来事が，数か月前，夕食の後お皿を洗っていた私に起きました．

　私の小賢しい娘が何かのリストを書いていたとき（彼女は何でもリストにしてしまうのです），私は娘にコップを取ってくれるように頼んで，リスト作成の邪魔をしてしまいました．その時の会話が以下です．

　　　私：父さんにそのコップを渡してくれないかい？
　　　娘：コップ？　そんなもの，どこにもないわよ．
　　　私：君の真正面にコップがあるじゃないか．それを取ってくれよ，食器
　　　　　洗い機に入れるから．
　　　娘：お父さん，これはコップじゃないわよ．グラスよ．

　正直言って，私はこの時点でひどくムカついてしまいました．私がこの世で一番望まないことは，小賢しい娘が，自分が何を言っているか正確に分かっているくせに，ちょっとした些末な点をとらえて揚げ足を取るような，嫌な奴になってしまうことです．

　そこで，「お前のように人を小バカにする奴とは誰も友達になってくれないぞ．」と私ははっきり言ってやりました．飲み物の容器を，「グラス」の代わりに「コップ」と呼んだだけで，わざわざ難癖をつけるのはもってのほかです．

　正しいことを言うよりも，正しいことをすること（たとえば，コップであれ，グラスであれ，ゴブレットであれ，タンブラーであれ，何と呼ぼうと言われた物を渡すこと）の方が重要です．

　クリティカル・シンキングのこの最重要部分は，ともすると見落とされがちです．インテリ嫌いが世に蔓延しているのは，それなりの理由があるからなのです．世界についてのどんな知識や問題解決

能力も，その所持者が嫌な奴だったら何の意味もありません．

　したがって，私が考える広義の「クリティカル・シンキング」には，正しいことと正しい行いをすることとの間の区別や，反対のためだけに意味もなく反対したりしないこと，より一般的にいえば嫌な奴にならないこと，が含まれています．

　以上，本章をまとめると，クリティカル・シンキングの定義としては，以下の4つの要素で構成されるものとなります．すなわち，クリティカル・シンキングとは：

1. 人に必要とされるスキルとマインドセットの両方が備わっていること
2. 人として学ぶべきことを学ぶこと
3. 分野横断的な視点で問題を解決すること
4. 以上の1から3が，単に正しいだけではなく，正しいことを行うという精神に立脚していること

第3章

法教育におけるギャップとは？

　効果的かつ実用的なクリティカル・シンキングの教育方法を，全米の教師に対して訓練するようになった最初の数年の間，私は同じような疑問を繰り返し聞かされました．しかも，私が訓練したのが，大規模な学校システムだったか小規模な学校システムだったかによらず，いつも同じ疑問を突きつけられました．また，都市部の学校か，農村部の学校か，都市郊外の学校かどうかにもよりませんでした．さらに，それが裕福なコミュニティの学校か，極貧のコミュニティの学校かにもよらず，同じ疑問を突きつけられました．

　私が絶えず突きつけられたその疑問とは，生徒たちとその批判的分析的に考える能力に関するものでした．すなわち，生徒たちにはクリティカル・シンキングが「できない（can't）」，「しない（don't）」，「しようとはしない（won't）」と思い込んでいるという「3ない問題」です．

　これはつまり「生徒は批判的分析的に考えることが『できない』，生徒は批判的分析的に『考えない』．そして，たとえ忙しい教師としての貴重な時間を費やして，生徒のクリティカル・シンキングの潜在能力を解き放つような授業を設計したとしても，生徒は批判的分析的に『考えようとはしない』のではないか」という疑問です．

　このような疑問の背後に典型的に見られるマインドセットによって，クリティカル・シンキング教育に適格性を有しているのはどの生徒か，についての教師の間の暗黙の合意が明らかになります．

　つまり，「最もエリートな学校」で，「最もエリートな生徒」に教

える教師にとってのみ，クリティカル・シンキング教育は適しているという思い込みです．これこそがクリティカル・シンキング教育におけるギャップといえます．

このギャップのゆえに，クリティカル・シンキング教育の対象として，ハイ・レヴェル校に通う生徒，飛び級コース（Advanced Placement courses）［高校生のうちに大学の一般教養科目を履修できる特別コース］の生徒，国際バカロレア・プログラムの生徒，最優秀の才能のある生徒，および，特等クラス［習熟度別クラス編成における上級クラス］の生徒だけに限定して，クリティカル・シンキング教育へのアクセスを認めるという傾向が生じています．しかし，クリティカル・シンキング教育の対象を優等生に限定することでは，それを真に意味のあるものとすることはできないのです．

大学進学志望の高校3年生の立場になって考えてみましょう．これから5年後，大学を卒業して就職するときに活況を呈している業界は，もしかすると現在は存在しないような業界かもしれません．それと同時に，現時点で活況を呈している産業は，その頃には完全に一掃されてしまっている可能性もあります．

簡単に言えば，教師はクリティカル・シンキング教育を優等生のための贅沢品のように扱い続ける余裕はないのです．クリティカル・シンキング能力が21世紀における重要な資産である以上，それを贅沢品のように扱ってはならないのです．

クリティカル・シンキングは仕事の未来についてだけのことではないことを再確認したいと思います．教育の価値は労働力の問題をはるかに超えたものです．積極的で熱心に社会に参加する市民層の形成を確保するための道として教育を位置づけるならば，クリティカル・シンキング教育なしにそこにたどり着くことはできません．

私たちは厖大な量の情報に直面しており，しかもそれらはインターネット上の信頼性のない情報源に由来するものでもあるので，何が真実かを判断することは至難の業となっています．

　さらに，ソーシャル・メディアに組み込まれたアルゴリズムは，自分がより賛同する視点ばかりで私たちを取り囲むので，さまざまな異なる意見への理解力を低下させる傾向があります．私たちは，他人と政治や宗教について議論することが失礼に当たると考えるような世界に住むようになってしまったのです．

　結果として，私たちは政治や宗教について，他人とお互いに尊重しあって議論することが，まったくできなくなったように思われます．

　このギャップは，K-12システムでの教育［日本の小・中・高での教育に相当］において重要で喫緊の問題となっています．

　教育に携わっていない人々の間で一般に見られる誤解は，教師は「テストのために教育している」というものです．しかしながら，ほとんどすべての主要な州統一試験での算数と国語（English language arts）では，クリティカル・シンキング能力なしには良い成績を挙げることが不可能なのです．

　方程式を解くだけのような，具体的な課題を実行するスキルや能力を試すだけの単純な穴埋め式問題で選択肢を選ぶようなテストは遠い昔のものになっています．

　現在出されるテストの問題は，可能な答えの候補の中から最適なものを選ぶために，多数の段階を踏んで，推論と予測と慎重な判断をしなければならない問題で，しかも非常に多種多様な形式で出題されます．

しかし，標準テストは，生徒の成績に学校が責任を負うほど重要なものになっているにもかかわらず，私が300人以上の教師たちにクリティカル・シンキングのギャップがどのような影響を与えているかについて話を聞いたとき，標準テストの話はほとんど出てきませんでした．

　では教師の口から出てきた話題は何だったのでしょうか？　成績優秀な生徒が多数いる学校では，卒業生総代に10人もの生徒を選んで卒業スピーチをさせたという話でした．その理由は，トップの生徒たちが，卒業生総代になりたくて争いになって決着を付けることができなかったからだというのです．生徒たちは，学びのプロセスそのものよりも，成績や順位の方を重視しているのです．

　生徒間の争いといえば，中等教育機関の教師から，生徒同士の喧嘩がこれまで以上にエスカレートしやすくなっているとの話が出ました．特に若い女子生徒の間で喧嘩が絶えなくて困っているとのことでした．

　実際私も，ある校長室を訪問して，校長先生に法教育プログラムのカリキュラムを検討してもらったとき，彼女は多様な視角から事案を分析することで生徒たちは紛争解決スキルを向上させることができるだろうと，強い興味を示してくれました．

　まさにその瞬間，部屋の外で罵声が飛び交い，悲鳴が聞こえ，校長先生は部屋から飛び出して行きました．校長室の入り口のすぐ外で，2人の少女が喧嘩をしていたのです．生徒たちは感情的になって反対しあって喧嘩となり，その結果，学校のカルチャーに悪影響を与えてしまったのです．

　クリティカル・シンキングのギャップがもたらす悪影響は，明らかに学業におけるよりも学校のカルチャーに対しての方が大きいの

です．同時に，クリティカル・シンキングのギャップは私たちが考えるよりも大きく，しかも，才能ある生徒のための英才教育プログラムにおいてさえそうなのです．

まず初めに指摘しておくべきは，そもそも英才教育プログラムには，アフリカ系アメリカ人の生徒，ラテン系アメリカ人の生徒，英語を母語としない生徒（ELL），そして低所得層の生徒の割合が不釣り合いに小さいという，とてつもない不公平問題があります．

しかし，英才教育プログラムに入れる生徒を選ぶ公平な方法がわかったとしても，名目だけの英才教育プログラムが全米にあまりにも多く存在するという問題が残っています．このようなプログラムでは，週に1，2回生徒を元のクラスから引き抜いて，小学校で英才教育を受けさせるだけという程度のものであることが多いのです．

これでは，才能ある生徒は一日中才能があるという事実を無視したものとなっており，しかも，一般の教育プログラム担当の教師には，「それは私の仕事とは関係ない」という意識を助長させてしまいます．

才能ある生徒のための特別教育プログラムは，中等部ではさらに短くなります．才能のある生徒が必ずしも成績優秀者ではない，という広い認識にもかかわらず，才能ある生徒のための中等部での英才教育プログラムの大部分は，早送りないし先取り型の教育を中心に展開しています．

しかし，才能ある生徒に分類された者の5％もが，高校を中退すると推定されており（Ritchotte & Graefe, 2017），低所得層出身の生徒の場合，好成績を達成した生徒の4人に1人は大学に出願さえしないのです（Pluncker et al., 2013）．

才能ある生徒のために私たちが行っていることは，まったく機能していないのです．

この機能不全システムは，低所得層出身の好成績達成生徒に対して不釣り合いに大きな悪影響を与えています．そのような生徒は，正規の3年間で高校を卒業しても，競争率の高いハイ・レヴェルの大学に通う可能性も，入った大学を卒業する可能性も，そして大学院レヴェルの学位を取得する可能性も低いのです（Wyner et al., 2007）．

　この問題は，最も能力の高い生徒だけに限定されたものではありません．潜在能力と成績の間のギャップに焦点を当てた研究によれば，面接調査した高校中退者の88%が卒業可能な成績を上げていましたが，退屈のためにやる気をなくして中退していました（Bridgeland et al., 2006）．

　私たちの教育システムが，最も能力のある生徒であると同定した者たちの潜在能力を最大限に発揮させることができていないとしたら，それは残りの生徒にとって何を意味することになるのでしょうか？

　私はここで数値データをさらにたくさん持ち出すことができます．しかし，数字だけではクリティカル・シンキングのギャップの悪影響について十分に伝えることはできないでしょう．ストーリィによってこそ十分に伝えることができるのです．

　私がしばしば思い出すストーリィは，私が訪れた6年生のあるクラスで，生徒の半数以上がすでに課題を終えたために本を読んでいた，という経験です．私はすぐにこれがELLのクラス（英語が母語でない生徒用の英語特別クラス）であることに気がつきました．そのクラスの担任の先生自身も，子どもの頃にELLの生徒であったという直接的な経験をしていました．

　しかし私は，生徒のワークシートを見て，動詞の後ろに現在進行形の「ing」をつけることがその授業での課題であることに気づい

て驚愕しました．それは6年生のクラスだったのですが，このワークシートの下部には，それが3年生の教科書からのものであることが示されていました．

　私がその先生に，なぜこの生徒たちは6年生なのに3年生の課題をしているのですかと尋ねると，彼女は，生徒たちの「学力が非常に低く」，学年に相当する水準の課題を「処理できないから」と私に答えました．

　私は学校の指導的教師が，教師の側の生徒に対するこのような低い評価に対して「もうたくさんだ」と言うのを見てきました．生徒がやりがいのある，学年に相当する水準の課題にアクセスできるようにするため，これらの指導的教師が，算数と国語（ELA: English Language Arts）で厳密に整備されたカリキュラムを用いて，すべての生徒たちを対象に教育を実施することがよくあります．

　とある指導的教師は，先生たちがこの高度教育カリキュラムをうまく使いこなせるようになるために，高価なカリキュラム用のリソースを用い，集中的なトレーニングと専門能力開発のための費用を投じました．彼女は自分の学校に，主に郊外の上位中産階級の家庭の生徒の通う学校で優れた成績向上をなし遂げた教師が来ることで興奮していました．彼女の学校は，主に都市部の貧困層の家庭の生徒の通う学校でした．彼女の高度教育カリキュラムには，高度さとクリティカル・シンキングの要素が含まれていました．ただし，形の上だけでした．

　私が参観したあるクラスでは，生徒たちは2つのテキストを分析することになっていました．1つは交通信号機の歴史に関するテキストで，もう1つはコミュニティによる納屋建設の共同作業の歴史に関するテキストでした．分析が終わったら次に，これら2つのテキストの内容を統合して，記載されている2つの実践活動がコミュ

ニティの発展にどのように貢献したかを説明する，という課題でした．

　ところが，ここに落とし穴がありました．この教師は，信号機に関するテキスト全体に巨大な×印を描いたのです．この先生によると，生徒たちは「ほとんど読むことができなくて」，「ものを書く能力はそれよりさらに悪い」ので，教材の設計どおりに課題を行わせることは「不可能である」とのことでした．

　私はある意味で同意見でした．生徒にはクリティカル・シンキングを習得できないと担当の教師が請け合っている以上，21世紀が求めるクリティカル・シンキングを生徒たちが習得できると期待することは不可能でしょう．

　貧困層の子どもと人種的少数者の子どもが，優れた教師に教わることができるように活動をしている「新しい教師プロジェクト（TNTP: The New Teacher Project）」が2018年に発表した画期的なレポート『機会均等という神話（The Opportunity Myth）』によると，上記のような逸話は例外というよりもむしろ蔓延した状況です．

　新しい教師プロジェクト（TNTP）は，教師が要求する内容の71％を低所得層の生徒はうまくやり遂げているのではあるけれども，実はその要求された課題のうち17％しか当該生徒の学年レヴェルの課題ではなかったと結論しています［より低い学年レヴェルの課題を教師が出していた］．

　つまり，クリティカル・シンキングのギャップのために，毎日学校に来て，やるべきことを正確にこなしている生徒たちでさえ，将来必要とされるであろうことに対する準備ができていないままになっているのです．

　しかし，クリティカル・シンキングのギャップは，克服不能なも

のではまったくないのです．なぜなら，問題は生徒の側の潜在能力の不足ではなく，教師の側の期待のギャップだからです．

　低所得層出身の生徒，母語が英語以外の多様な言語を話す生徒，そして人種的少数派の生徒たちも，多くの場合，クリティカル・シンキングの非常に高い潜在能力を備えています．

　これを「ストリート・スマート」と呼ぶ人もいますが，私はそのような類型化には反対です．ストリート・スマートは単にスマート，つまり知恵者なのです．

　ストリート・スマートとなりうるほどの実践的問題解決能力を，いわば「ブック・スマート」と呼びうるような学習上の実践的問題解決能力につなげることができないのは，教わる子どもの側の問題ではなく，教える大人の側の問題なのです．

　ストリート・スマートな子どもたちは，学校の外側で生き延びるために実践的問題解決能力を身に付けざるを得ないことが多いのです．

　ノンフィクションのテキストを分析するという学校の課題には興味が持てないように見える同じELLの子ども（英語以外が母語の子ども）が，実は家庭では家族が苦労して英語の複雑な書類を完成させるのを手助けしているということもあるのです．

　学校の論述課題では，使用した情報源の信頼性をチェックすることに時間をかけようとしない生徒が，実は他の人たちの信頼性を評価することにかけては専門家であったりします．というのも，その生徒の生活環境においては，他者の信頼性評価能力を発達させなければ安全に生きてゆけないからです．

　もし私たちの目標がクリティカル・シンキングという堅固な家を建てることであるなら，家の基礎と骨組みはすでにそこにあるのです．なすべきことは，建て始めることだけです．

私たちの問題はあまりにも難しく，私たちの要求はあまりにも大きいかもしれませんが，だからといってこれらの生徒たちを放置しておくことは決してできません。

　「できない，しない，やろうとしない」という「3ない」を理由として，クリティカル・シンキングのギャップを放置することは，いかなる意味であれ正当化できません。

　「近ごろの子どもたち」には批判的分析的（クリティカリィ）に考えることができないという考えは，私たちがこれらの子どもたちの将来に責任を負っているという事実を無視したものです。

　むしろ，「近ごろの大人たち」の方こそ，ストーリィを変えようと決意すべきであり，クリティカル・シンキングを贅沢品のように扱うことをやめる必要があります。

　すべての生徒のためにクリティカル・シンキングのギャップを埋めることが，21世紀を善く生きる機会をすべての生徒に与えるための唯一の希望なのです。

　才能のある生徒だけのためとされている教育方法と教育実践を，すべての生徒の利益のために活用することこそが，頑固に続く学習達成上のギャップを埋めるための，最も確実な方法であることを，もし私が魔法の杖を持っていたなら，国全体の学校のすべての関係者に認識させることができるでしょう。

　この私の考え方を支持する具体例は，大学の男子バスケットボールの以下の例です。

　カリフォルニア大学ロス・アンジェルス校のバスケットボール・チームのセンターだった，身長7フィート2インチ（218.4cm）のカリーム・アブドゥル＝ジャバー（当時はリュー・アルシンドールという名前だった）をはじめとする，UCLAチームの素晴らしい才能のある選手たちのスラム・ダンクを，他大学からの相手チームはど

うしても防ぐことができませんでした.

そこで, 全米大学体育協会 (NCAA) は, 1967年から1977年まで大学バスケットボールの試合でスラム・ダンクを禁止することを決定したのです. こうして, これらのスーパー・プレイヤーたちの能力を人為的に制限して, 競技を実力差がより出にくいものにしました.

この政策は, 平均程度の能力の生徒を主たる対象として教育をするという教育界の一般的な慣行と同じようなものです. この一般的な慣行の結果, 潜在能力と顕在能力の両方が高い生徒には, 学業がチャレンジングでなくなって, 退屈で興味の湧かないものとなってしまっています.

スラム・ダンク禁止は, 公平性の名の下に, 才能のある生徒への特別プログラム, マグネット・スクール, およびその他の特別生徒向けの英才教育プログラムの廃止を主張する人々の内心の動機と似ています.

しかしながら, その後, 大学バスケットボールでのスラム・ダンク禁止が廃止されてから10年も経たないうちに, 全国バスケットボール協会のスラム・ダンク・コンテストにおいて, 身長5フィート7インチ (170.2cm) しかないスパッド・ウェブ (しかも手も小さくて, バスケットボールを片手で握って持ち上げることができなかった) が, チームメイトの身長6フィート8インチ (203.2cm) もある「ヒューマン・ハイライト・リール」ことドミニク・ウィルキンスを破って優勝したのです.

それからさらに20年後, パッド・ウェブは, 身長5フィート9インチ (175.3cm) しかないネイト・ロビンソンをトレーニングし, ロビンソンもスラム・ダンク・コンテストで優勝しました. ロビンソンはスラム・ダンク・コンテストで5年間に3回も優勝してしまっ

たのです！

　私はこの逸話を読者の皆さんと共有したいのです．なぜなら，ELL の英語が母語でなく苦手な生徒や，特別な配慮の教育サーヴィスを要する生徒のために，特別教育サーヴィスという足場で支えてあげることが，結局すべての生徒にとって利益となることを，私たちはたいてい認識しているからです．

　しかし，才能のある生徒を差別化して特別の高等教育を施すことも，実は，すべての生徒にとって利益となるという同様の効果をもたらすことについては，私たちはあまりよく理解していません．

　実は，すべての生徒に先進的な学習機会を増やそうとしている一部の学校が，才能ある生徒のための特別教育の免状をすべての教師が取得するべきものとし，免状取得のための費用を学校側が支払っているのは，この効果のゆえなのです．

　教育の公平性の実現方法は，到達度の低い子どもに補習をして達成度のギャップを埋めることだけではないのです．教育の公平性の実現方法は，才能のある生徒に押し付けられている達成上限を打ち砕く方法にも拠らなければならないのです．

　特別の才能のある生徒も到達度の最も高い生徒も含む，すべての生徒の潜在能力を最大限に引き出すことが，クリティカル・シンキングのギャップを埋めるための重要な戦略なのです．

第 **2** 部

リーガル・マインドとは？

第 **4** 章

クリティカル・シンキング革命とは？

　私は，ワシントンD.C.での教職と児童福祉制度での勤務を経て，ネヴァダ州ラス・ヴェガス市の学校の教室に戻りました．その時，私は市内で最も「難しい学校」に着任し，中学レヴェルと高校レヴェルの数学を教えることになって，嬉しくてとても興奮を覚えました．

　ラス・ヴェガス市出身の世界的に著名なテニス選手の名前の付いたアンドレ・アガシ大学進学準備高等学校は，略してアガシ・プレップ校（Agassi Prep）と呼ばれることもありますが，「やりがいのある困難な職場」でした[9]．

　友人たちは私に「学校の管理職からのサポートは期待しないように」と忠告してくれましたが，それは正しい警告でした．私は生まれて初めて，教師が一日の途中で勝手に仕事を切り上げるのを目の当たりにしました．アガシ・プレップ校での最初の年の初めの半年間，教師の入れ替わりがあまりに激しくて，私は同僚の名前を覚えることがほとんどできないという状態でした．

　このような慌ただしい環境の中で，生徒たちもそれに応じた態度を示していました．毎年激しく教師が入れ替わるということは，生徒の学力向上にとって決して良いことではなく，多くの生徒たちは学業面で苦労していました．学校の体制が整っていないため，生徒の行動にもしばしば悪影響が出ていました．

---

9 ［訳注］2001年に設立されたヒストリック・ウェスト・ラスヴェガス地域に住む子どもたちのための学校で，幼稚園年長から高校卒業までの13年間，大学やそれ以降の卓越した能力を身につけるための教育を提供する特別認可された公立学校である．

このような外発的な問題がなかったとしても，生徒たちは貧困という共通の問題を抱えており，それが学習にとっての非常に現実的な障害となっていました.

　アガシ・プレップ校での教育は大変でしたが，私はそれを一層大変なものに自分でしてしまいました. すなわち，私は，ネヴァダ大学ラス・ヴェガス校のウィリアム・S・ボイド法科大学院の夜間部に学生として通うという，人生の中でも疑問符のつく決断をあえてしたのです.

　しかし，法科大学院への進学は，教師としての私の邪魔となるどころか，私が「良い」教師から，クリティカル・シンキングのギャップを埋めるための全米運動をする教育者へと変身するための基盤となるに至ったのです.

　私のこの変身は，そもそも法科大学院に在籍することの意味を考えるところから始まりました.

　法科大学院の学生が法科大学院で何を学ぶと，あなたは思うでしょうか？ もし「法律を学ぶ」というのがあなたの答えだとしたら，あなたは私が法科大学院に願書を送ったときとまったく同じ状態だということになります.

　しかし，実はその答えは間違いなのです.

　変化している法律がいつも多すぎるので，法科大学院生が単に座っていろいろな法律を暗記しても意味がないことがわかりました.

　その代わりに，法科大学院で学ぶのは，法律家らしい考え方をすることなのです. これは，最初は奇妙に思えたのですが，知り合いの弁護士について考えてみると，なるほどと思えてきました.

　友人や仲間や同僚の中に弁護士がいる人なら，こんなことを実感しているのではないでしょうか. すなわち，弁護士という奴らは，と

んでもなくイライラさせる人種で，特にこちらの質問に答えるとき ムカムカさせられる，と．

　たとえばあなたが，家族法上の問題，雇用上の問題，あるいはあなたの友人が移民問題で悩んでいるなど，何らかの問題を抱えているとします．そのようなとき，あなたは弁護士の友人に相談するでしょう（何はともあれ，弁護士ですから）．

　すると，このような答えが返って来るでしょう．

　　「まあ，場合によるね．こういう場合なら○○だが，他方では，ああいう場合なら××だ．」

　　「△△に関して，もっと情報が必要だよ．」

　　「どちらもありうるね，というのも□□だからね．」

　上のような問答の後，あなたはすぐに「質問なんかするんじゃなかった」と後悔するでしょう．

　弁護士にはこういう対応をする傾向があることを深く調べていくと，米国の歴代大統領の25人，建国の父たちの35人，マハトマ・ガンジー，ネルソン・マンデラなどがすべて弁護士出身であったことの理由の一旦が見えて来ます．

　法律家らしい考え方を訓練された人々は，いやおうなく，さまざまな角度から問題や解決策に取り組むようになるのです．弁護士は必要な情報を得るまで質問を続けることが習慣となっています．さまざまな主張を行い，有益で関連性のある証拠でその主張を裏付ける方法を見つけることを，弁護士はほとんど本能的にやるのです．

　アガシ・プレップ校の中学と高校で数学を教えながら，法科大学院での勉強を通じて「法律家らしい考え方をする」とはどういうことかを私が実感していたとき，私は次のような啓示を受けました．

　リーガル・マインド，すなわち，「法律家らしい考え方をする」

ことは，とりもなおさず，生徒たちが必要とするクリティカル・シンキングのスキル・習慣・マインドセットを習得することとまったく同じであるという啓示です．

　思考のためのこの強力なフレームワークであるクリティカル・シンキングを導入するのを，なぜ法科大学院まで待つ必要があるのでしょうか？　実はこれは，ビジネス・スクールで使用されているのと同じフレームワークです．ひいては，これは，ソクラテスが何千年も前に創ったのと同じ方法です．生徒たちは，この強力なクリティカル・シンキング教育に触れるために法科大学院まで待つ必要はないのです．

　もっと法科大学院での学びについて分かりやすく話しましょう．

　法科大学院の学生として私は，契約法，憲法，刑法，民法，民事訴訟法，連邦所得税法，離婚調停，家族法，遺言法，信託法，不動産法に関する講義を受講しました．

　これらのさまざまな異なる法分野のどの授業でも，法科大学院の教授たちは，徹底的に問いを発し続けるよう私に求めました．単なる暗記とはまったく無関係の学びでした．

　実際にも，私が教えてもらっていた教授のほとんどが，1ページの要約メモであれ，講義ノート全部であれ，教科書そのものであれ，あらゆるものを最終試験に持ち込むことを許可していました．

　法をきちんと理解しただけでは，学生は成績Cしかとることができないのです．具体的な事例において，事実に法を適用する方法を理解して，やっと成績がBになります．学生みんなが欲しがる成績Aは，法科大学院ではなかなかもらえないものです．

　成績Aを取得する唯一の方法は次の通りでした．すなわち，事実に法を適用することについて非常に創造的であること，です．

教授は法科大学院が決めた正規分布に沿って成績評価をしなければならないので，良い成績を取るために私は，他のクラスメートが思いつかないような角度からの考察をしなければなりませんでした．そして，議論されている論点を超えて議論を進めるために，私は法政策を考慮し，自分の法適用の結果が社会により広く影響を与えてもたらす帰結を比較考量しなければなりませんでした．

➡ 妥当性と信頼性 ⬅

主張が最重要なのです．法科大学院でのこのことの意味は，法的問題に直面したときにはいつも，説得力のある主張を構築することが目標であり，主張を立てたら次いでどのような妥当で関連性の大きなエヴィデンス（証拠・根拠）を用いてその主張を正当化するかを決定するのです．

妥当であるとは，そのエヴィデンスが正確で信頼性の高いものであるということです．関連性があるとは，エヴィデンスが実際にその主張を裏付けることができるという意味です．

グレイハウンド・バスでの旅行中に警察から身体検査を受けた2人の男性が違法薬物の所持・取引の罪で有罪判決を受けた事件「アメリカ合衆国対ドレイトン（United States v. Drayton, 2002）」についての私の判例分析に対して，刑事訴訟法の教授は，私の成績を0.5ポイント分も引き上げてくれたのです．

まずは，事案を読んで，私と同じようなことに読者であるあなたも気がつくかどうか，考えてみて下さい．

> クリストファー・ドレイトンとクリフトン・ブラウン，ジュニアは，フロリダ州のフォート・ローダーデール市からミシガン州のデトロイト市へ，グレイハウンド社の長距離バスで移動中でした．
> バスは，フロリダ州のタラハシー市で予定通りに休憩停止をしました．

バスにガソリンを補給し，車内の清掃をするため，乗客たちはバスを降りなければなりませんでした．

　運転手はタラハシー市警察署の3人の警察官に，バスに乗り込んで違法薬物と武器の不法所持の取締りのためのルーティン検査をすることを許しました．警察官たちは私服で，銃を隠し持っていましたが，警察バッジは見えていました．

　ラング警察官は，暑い日だったにもかかわらず被疑者（ドレイトンとブラウン）が2人とも，重く厚いジャケットとぶかぶかのズボンを身に纏っていることに気づきました．

　ラング警察官の経験によれば，違法薬物の売人たちはぶかぶかの服装をすることで，武器や麻薬を隠そうとすることが多かったのです．そこでラング警察官はブラウンに，武器や違法薬物を所持していないかどうかを尋ねました．さらに彼は，ブラウンに「身体に触って検査してもいいですか？」と訪ねました．

　ブラウンは「もちろんです」と答え，背もたれから体を起こし，ポケットから携帯電話を引っ張り出し，着ていたジャケットの前を開いて協力の姿勢を示しました．ラング警察官はドレイトン越しに，ブラウンの腰回り，両脇，上半身を含め，ジャケットとポケットの上から手で叩いて身体検査をしました．

　ラング警察官は，両方の太もものあたりに硬い箱のようなものがあるのに気づきました．それと同様の手触りの物は，以前行った身体検査では違法薬物の入れ物だと判明したのでした．そこで，ラング警察官はブラウンを現行犯逮捕し，手錠を掛けました．

　フーヴァー警察官がブラウンをバスから連れ出しました．

　ラング警察官は，それからドレイトンに「あなたを調べても構いませんか？」と尋ねました．ドレイトンは両手を足から8インチ（約20センチメートル）ほど上げて身体検査を許しました．

　ラング警察官が，衣服の上から手で叩いてドレイトンの身体検査を行うと，ブラウンから見つけたものと同じような硬い箱のようなものを太もものあたりに見つけました．

　彼はドレイトンを現行犯逮捕し，バスから連れ出しました．

この事件の争点は，これがアメリカ合衆国憲法修正第4条の下での適切な捜索と押収であったかどうかです。

　私がここで何が問題だと考えたかわかりますか？　これは合理的な捜索であったという司法警察官の主張が妥当で関連性があるものだと思いますか？

　この捜索の妥当性に関しては，少なくとも2つの大きな欠陥があると私は考えます。その結果，この警察官たちの行動が，正確な情報または信頼できる情報によって正当化されるかどうかが疑わしいということになります。

　バスはフォート・ローダーデール市を出発し，タラハシー市に停車しました。しかし，バスは「2月」に北部ミシガン州のデトロイト市に向かっていました。厳寒の2月にデトロイトに向かうときに，大きなコートを着ていることが本当にそれほど怪しいことなのでしょうか？

　また，警察官が主張したこの一連の事実関係はやや疑わしいように思われるので，彼らの信頼性についても疑問の余地が生じます。

　捜索を受けた男性たちは犯罪を実行している最中でした。彼らはそれを自分でも分かっています。しかも，共犯者のブラウンが任意で捜査に同意したため，バスから降ろされて逮捕されるのをドレイトンは見たばかりです。共犯者のブラウンが逮捕されるのを見たばかりなのに，ドレイトンが捜索にすぐに同意する可能性はどのくらいあると思われるでしょうか？

　[教室での質問に答えて私が以上のような議論を展開したとき，]元検察官の教授は，その時点で授業を進めるのを止めて，「それこそが分析というものだよ。『事実関係』を見て，それをそのまま真実であると盲目的に受け容れてはならないのだ」と強調しました。

　おそらくラング警察官は，アメリカ合衆国憲法修正第4条の指示

に十分厳密に従わなかったとして，逮捕が覆された経験が何度かあるのだろうと推測されます．それで，もっともらしく響くストーリィを創り上げようとしたのかもしれませんし，そうでないかもしれません．

しかしいずれにせよ，「事実関係」を分析する上で十分に批判的な懐疑心を持ってすることは，強力なクリティカル・シンキングであり，それこそが法教育プログラムの重要な要素なのです．

■▶ 複数の視点から検討する ◀■

クリティカル・シンキング教育のプロセスの一環として，法科大学院はまた，議論において複数の視点を考慮するように学生を訓練します．

より正確にいえば，法律家らしい考え方をするためにリーガル・マインドを身に付けるためには，学生たちは論争の最も重要な領域を特定し，議論の両側（自分の意見とそれに対立する意見）を真に深く分析しなくてはなりません．

たとえば，伝統的な酪農家と，アーモンド・ミルクや豆乳などの植物ベースの乳製品生産者との間で，「ミルク」と呼んでよいものは何かをめぐる争いが生じたとします．この争点を検討する場合，分析がバイアスのある第一印象に影響を受けてしまうのが一般的です．

酪農家は「牛から搾乳することで得られるものがミルクだ」と考えようとするものであり，乳製品の品位を落とすことで利益を上げている企業が，依然として自社の製品を「ミルク」と呼ぶのは根本的に不公平だと感じます．

他方，ミルクのように歩き，ミルクのように話すもの，すなわち，いかにもミルクっぽいものを「ミルク」と呼んで何が悪いのでしょ

うか？ それが悪いなら，ピーナッツ・バターは実際には本物のバターではないとして，伝統的な酪農家はピーナッツ・バター会社を次の標的として訴えるのでしょうか？

ここで確認しておきたいことは，私がここでモデル化している分析プロセスが，ある種の議論パタンの選択肢にチェックを入れるだけというようなものではないことです．法科大学院では，学生がさまざまに異なる視点について，説得的で強力な議論を展開することを期待しています．

私は弁護士としての実務で，相手方の主張を強めるような議論を時間を費やして展開したりなど，もちろんしませんが，相手方が持ち出しうる最も強力な議論を先取りすることで多大なる恩恵を受けました．

▶ 帰結を比較衡量する ◀

法律家らしい考え方をすること，すなわちリーガル・マインドは，クリティカル・シンキングにとって強力な枠組みとなります．

法科大学院で私が学んださまざまな法の対象領域は多岐にわたるため，こうしたクリティカル・シンキングのツールを，分野と文脈を超えて応用する必要がありました．

しかし，この法教育プログラム（thinkLaw）の魅力は，分析的な理由付けに役立つということだけではありません．

それは，正義と公平の感覚に根ざしているので，この教育アプローチには，何かすごく知的興奮をもたらす活力があります．

契約法の授業で最初に分析した判例に，1954年にヴァジニア州最高裁判所が下した「ルーシィ対ジーマー事件（Lucy v. Zehmer）」がありました．

事実関係は至って単純です．ルーシィがウイスキーのボトルを持ってジーマーのレストランにやってきて，ルーシィとジーマーは大い

に飲み，ある時点で，ジーマーの農場をルーシィに売ろうという話になったのです．

ジーマーは領収書の裏に，「我々は，W・O・ルーシィにジーマーがファーガソン農場を5万ドル［約7600万円］で売却し，所有権が買い手に移転することに合意する.」と書きました．

ルーシィはこの紙片を弁護士のところに持って行き，ジーマーに契約の履行を求めました．これに対しジーマーは，自分はそのとき泥酔していたし，ルーシィは自分が本気でなかったことを知っていたはずだと反論しました．

［第一審の地方裁判所は被告ジーマー勝訴の判決を出しましたが，］州最高裁判所は，「契約が存在するか否かは，当事者が何を意図していたかだけで判断することはできない」という理由で，契約の成立を認め履行を強制しました．当事者意図のみではなく，その代わり，契約の成立の可否は実際の言葉と行動を見るという，より客観的な分析に基づくべきである，と裁判所は理由付けたのです．

学生たちがこの判例についてノートを取り，判例法としての法的ルールを記述しているとき，私は納得がいかず頭を抱えて考え込んでしまいました．これが裁判所の判決意見であることは分かっていたのですが，私はこれで良いのだろうか，と納得できなかったのです．

当事者意思の認定について，主観的な証拠よりも客観的な証拠をより重視したことの理由は理解できます．しかし，この判例法ルールによると，もし私が安い土地を手に入れようと思ったら，地元の

---

10 ［訳注］米国労働統計局（U.S. Bureau of Labor Statistics）の消費者物価指数インフレーション計算サーヴィス（CPI Inflation Calculator, https://www.bls.gov/data/inflation_calculator.htm）によれば，1954年の1ドルは2023年の約11.3ドルに相当する．2023年の1ドルは135円とした．

レストランに行って，店主を酔わせて，ナプキンの裏に走り書きをさせて，土地を私に売ることに同意させればいい，ということになります．しかし，本当にそれでいいのでしょうか？

　このような状況を分析して，そのありうる帰結を検討すると，このような法政策的な考慮から，異なる結果を導き出しそうです．このとき，私は「法律家らしい考え方をすること」がいかに強力な分析道具となるかを思い知ったのでした．

　裁判所の判決意見だからといって，正しいとは限らないのです．それは，あくまで1つの裁判所の見解にすぎないのです．

　たとえば，悪名高いプレッシー対ファーガソン判決（Plessy v. Ferguson, 1896）で米国連邦最高裁判所は，「分離すれど平等（separate but equal）」であれば公共施設での白人と黒人の分離は人種差別に当たらないとして合憲と判断しました．この判断を米国の国民として受け容れる必要などありません[11]．

　また，同様に悪名高いドレッド・スコット対サンフォード判決（Dred Scott v. Sanford, 1857）で，米国連邦最高裁判所はアフリカ系の人の米国市民権取得を否定する判決を出しました．

　しかし，米国の国民はそれを受け容れる必要はありません．判決理由における，「アフリカ系米国人（Negro African Race）」は「非常に劣っており，よって白人には認められる権利を黒人は持っていない．そして，黒人は正当かつ合法的に奴隷にされうるのであり，

11　［訳注］人種分離政策を合憲と判断したこのファーガソン判決は，1954年の著名なブラウン対教育委員会判決（Brown v. Board of Education of Topeka, 1954年）で覆された．ブラウン判決では，黒人学校と白人学校を分離する公立学校制度について，教育心理学者の実験研究成果等に基づいて「人種分離した教育機関は本質的に不平等である」と，憲法違反の判断を示した．その後，1964年の連邦の公民権法（Civil Rights Act）の制定等，人種差別廃止の法整備も進んでいるが，米国社会の人種差別は根強く残っている．

それは彼ら自身の利益のためにもなる」という最高裁判所の意見も受け容れる必要はありません.

　世界のあり方をそのまま分析する能力だけでなく，世界のあるべき姿を問うクリティカル・シンキングのツールをも生徒に与えれば，生徒に生じる動機付けは別次元に達します.

　「馬を水辺に導いて行くことはできても，［その意志に反して］水を飲ませることはできない」という諺を聞いたことがあると思います.

　生徒たちが生来持っている正義感や公平感（ティーンエイジャーにとっては不正感や不公平感）を解き放させるような指導をすれば，いわば，馬を水辺に導くだけではなく，それ以上の教育を達成できるのです．いわば，その馬をとんでもなく喉が渇いて水を飲みたくなるようにできるのです.

　落ちこぼれ人生を歩んできた身としては，法科大学院の1年生を学年トップの成績で終えたとき，私は我ながらショックを受けてしまいました.

　私は幼稚園から高校卒業までのすべての人生において，「週のベスト生徒賞」に選ばれたことなど一度さえなかったのです！

　しかし，法科大学院は私が慣れ親しんでいたものとは根本的に異なっていました．私が法科大学院で成功した理由は，実は，法科大学院への進学前に成績がGPA4.0だった成績超優秀な学生の多くが法科大学院で苦労したのと同じ理由でした.

　すなわち，高校まで成績優秀の実績を持っていた法科大学院の学生たちは，「正しい答え」を見つけることに取り憑かれていました．彼ら彼女らは法的ルールを暗記するのに多くの時間を費やしました．しかし，私たちの教授が期末試験のために練り上げた奇想天外な事実関係には，これらの暗記した法的ルールをどう適用したらいいの

か，彼ら彼女らは自分の頭で考え出すことができなかったのです．

　注目に値することは，法教育プログラム（thinkLaw）のカリキュラムを使用することで，法教育を実践している全国の教師たちが，この法教育フレームワークを生徒に適用した後では，直感に反するような結果が得られることを報告しています．すなわち，それまで最高の成績を収めてきたスター生徒たちが，この種のクリティカル・シンキングの授業で苦労しているという結果です．

　他方，それまであらゆるタイプの苦労をしてきた生徒たちや，「態度に問題のある生徒」の方は，クリティカル・シンキング授業でロック・スターのように際立っているのです．

　法科大学院での私の経験に鑑みれば，この結果は私にとってまったく驚くべきことではないのです．

　トップ・クラスの生徒たちはしばしば「正しい答え」を見つけるという意識に非常に縛りつけられているので，白黒のついた世界と違い灰色のグラデーションのある現実世界では，自分の考えをナヴィゲート（誘導）することが困難なのです．

　今日の成績優秀者とは，ゲームのルールが明確な環境なので好成績を成し遂げているだけなのです．彼ら彼女らに何かをする方法を教えれば，彼らはそれを学び，暗記し，繰り返し，再利用し，そして再生利用はできます．

　しかし，彼ら彼女らは，独自の考えを発展させ，非伝統的な角度からアイデアにアプローチし，より高度なニュアンスで問題の解決をナヴィゲートすることが，その頭の中の道具箱，つまり思考・発想の中にないのが通常です．

　他方，それまで学業に苦労してきた生徒たちの方は，21世紀のた

めのスキルである「学び方を学ぶ」というスキルを身に付ける格好の立場にあったことになります.

　先生が何かを説明するのを聞いた後で,先生がいま言ったことの意味を理解するための手がかりが自分にないことに気づき,しばしば自分自身の頭で考えて理解に至ることを余儀なくされています.この創造性と発想の豊かさのおかげで,答えのない問題や分析で落とし穴や逃げ道の生じやすい問題に直面したとき,彼ら彼女らは自分の頭で解決策を考え出せるようになるのです.

　「態度に問題のある子どもたち」ほど,別の考え方や,独自の角度から考えることのできる生徒はいません.

　事実,私は幼稚園から高校までの経験の大部分で,「まあ,何でこうなったのかというと……」との言い出しで,教師への返答を始めることの利点を個人的に証言することができます.私が子ども時代の悪ふざけを言い逃れるために学んだ創造性は,刑事訴訟の被告人や民事訴訟の被告に刑事責任や民事責任を逃れさせるために,新しい正当化理由を見つけるプロセスと驚くほど似ています.

　このように法教育プログラム(thinkLaw)は単なる分析的思考のフレームワークを超えるものであり,生徒に強力なクリティカル・シンキングの習慣やマインドセットを身に付けさせる以上のものであることに気づいて私は興奮しました.

　また,クリティカル・シンキングのギャップを埋める実用的な方法でもあります.「成績が低すぎるから(無理に決まっている)」という思い込みのために,クリティカル・シンキング教育へのアクセスを通常は拒否されている生徒によってこそ,実は強力なクリティカル・シンキングの資産が提供されているのです.このことを教師が理解するのを助けることは,クリティカル・シンキングがもはや贅沢品ではない世界を作るための重要な出発点です.

法教育プログラム（thinkLaw）はまた，より整備された教育に対する要求に応えて，全国で起こっている現場の変化と軌を一にしています．州教育指導要領（Common Core State Standards: CCSS）[12]の展開にちょうど間に合うように現場での教育に戻った数学教師として，大学就学と卒業後の就職準備のために設定された算数と国語（ELA）の教育ガイドラインを導く包括的な教育実践について，私は興奮していました．法教育プログラム（thinkLaw）のフレームワークは，算数教育のための最初の3つの包括的な実践指針と切り離すことができないものです．

　　　CCSS.MATH.PRACTICE.MP1：問題を理解し，問題を解決するために粘り強く取り組むこと．
　　　CCSS.MATH.PRACTICE.MP2：解決策を抽象的かつ定量的に推論すること．
　　　CCSS.MATH.PRACTICE.MP3：実行可能な議論を構築し，他者の理由付けを批判すること．

　法律家らしい考え方をすること，すなわちリーガル・マインドは，将来の大学生活と就業のために必要な能力を涵養するための州教育指導要領（共通的到達目標）の国語（ELA）のすべての内容に，以下のように対応しています．

　　● 自主性を発揮し独自の考えと分析ができるようになる．
　　● しっかりとした内容の知識を身に付ける．

---

12 ［訳注］2010年からの教育イニシアティヴであり，米国中の幼稚園から高校までの生徒が各学年の終わりまでに，国語（ELA）の授業と算数の授業で知っておくべきことを詳しく記載している．州全体で一貫した教育基準を確立し，高校を卒業する生徒が2年または4年の大学プログラムで単位認定コースに入学する準備ができていることを確保することを目指す基準である．一種の模範規定であり，その採否は各州に委ねられている．「共通的到達目標」が直訳である．

- 聞き手，課題，目的，科目・分野のさまざまな要求に応えることができるようになる．
- 理解するだけでなく，批判的に分析もできるようになる．
- エヴィデンス（論拠）を大切にするようになる．
- 科学技術やディジタル・メディアを戦略的かつ効果的に使えるようになる．
- 他の視点や他の文化を理解するようになる．

　法律家であることの最重要点は，問題を深く理解し，厄介な問題にも対処できることです．抽象的理由付けと具体的理由付けの双方ができなければ，弁護士は効果的に法実務を実践することができません．

　私が弁護士として働いたときの報酬請求対象時間[13]のほとんどすべては，こちら側にとって有効な議論を構築し，相手側の主張を打ち破る有効な方法を見つけることに費やされました．

　「聞き手，課題，目的，科目・分野のさまざまな要求に応える」，「理解するだけでなく批判的に分析できる」，そして「エヴィデンス（論拠）を重視する」ことが，法律家らしい考え方（リーガル・マインド）の本質的な部分として，法科大学院で私が習得する必要があったものであることに疑問の余地はありません．

　州教育指導要領（共通的到達目標（CCSS））を採用しなかったテキサス州やヴァジニア州でさえも，より厳密に整備された学力基準を目指す全米規模の運動の一翼を担っていました．

　しかし，教育実践をこの望ましいレヴェルまで引き上げるための

---

13 [訳注] 弁護士報酬には，(1)委任を受けた際に受け取る「着手金」と問題解決後に受け取る「報酬金」（成功報酬に相当する）を組み合わせたものと，(2)その事件に費やした時間数に応じて受け取る時間制報酬方式（タイム・チャージ方式と一般に呼ぶ）とがある．時間制報酬方式で計上される時間数が報酬請求対象時間であり，一般にはビラブル・アワー（billable hours）と呼ばれる．

方法論を，誰も理解していないという問題点が，この運動には常につきまとっています．

　過去8年から10年の間に就学した子どもを持っていた親なら，「新しい算数（new math）」という言葉を聞いて呪わしく思った経験があるかもしれません．

　過去8年から10年の間に学校の教室にいたならば，おそらく生徒がトイレを使いたいと言うのを聞くよりも頻繁に，「厳密に整備された教育」という言葉を聞いたでしょう．

　そして，過去8年から10年の間に学校のリーダー格の教師だったなら，教室参観で歩き回り，最善の指導努力にもかかわらず一部の教師が，「厳密に整備された教育」について何も分かってないと嘆いたことがあるでしょう（それがいかなる「教育」を意味するものだったにせよ）．

　しかし，すぐ後で分かるように，法教育プログラム（thinkLaw）は，厳密に整備された教育指導という概念をはるかに実用的なものに変えてくれるものなのです．

　最も重要なことは，法教育プログラム（thinkLaw）が，ブルーム（Bloom, 1956）の分類図の上下をひっくり返していることです．「ブルームの教育分類」は，教師の教育訓練法としては最も残念な図であると私は考えています．問題なのは分類法の図の内容ではなく，図の設計自体にあります（**図表3**を参照）．

　記憶と理解が一番下の段にあり，評価と創造が一番上の段にある階段的設計になっていて，教師はこれらの段階を常に下から上へと順番通りに遂行する必要があると信じ込むようになっています．

　しかし，もしそうだとすれば，とりわけ学年レヴェルを下回っている生徒の場合，生徒の学力が「低すぎる」からとして，教師がクリティカル・シンキングを教えようとしないのは驚くべきことでは

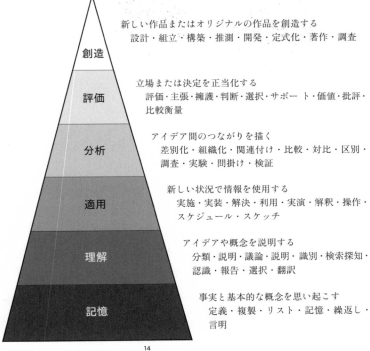

〔図表3〕 ブルームの教育分類

新しい作品またはオリジナルの作品を創造する
設計・組立・構築・推測・開発・定式化・著作・調査

創造

立場または決定を正当化する
評価・主張・擁護・判断・選択・サポート・価値・批評・比較衡量

評価

アイデア間のつながりを描く
差別化・組織化・関連付け・比較・対比・区別・調査・実験・問掛け・検証

分析

新しい状況で情報を使用する
実施・実装・解決・利用・実演・解釈・操作・スケジュール・スケッチ

適用

アイデアや概念を説明する
分類・説明・議論・説明・識別・検索探知・認識・報告・選択・翻訳

理解

事実と基本的な概念を思い起こす
定義・複製・リスト・記憶・繰返し・言明

記憶

(注)「ブルームの教育分類」から引用[14]

なくなります。

つまり、このアプローチは、生徒の学習では、基本を完全に理解するよりも前に、すでに評価し、統合することができ、さらにより高次の思考プロセスを開始できるという現実を無視しています。事

---

14 原注：ヴァンダービルト大学教育法センター「ブルームの教育分類」(2016年) からの引用である。以下のサイトから検索した（クリエイティヴ・コモンズCC BY 2.0［著作権フリー］）。
　https://www.flickr.com/photos/vandycft/29428436431

実，挑発的な高次の質問は，質問に答えるために必要な低次のスキルを習得するように生徒を動機付けるためのきっかけとして役立つことがよくあるのです．

　米国のすべての法科大学院やビジネス・スクールが，教師と学生の間の質疑応答によって授業を進めるケース・メソッドの教育方法を採用しているのには理由があります．

　このタイプの授業，言い換えればソクラテス・メソッドの質疑応答は，教師が舞台上の賢者として振舞うのではなくなる方向で，生徒と教師の間の力関係をシフトさせるものです．

　かわりに，生徒が学習という困難な仕事をする中心人物となるのです．正解を求めて白黒はっきりさせようとする優等生的思考を乗り超えて，才能のある生徒がその先に進むために，法教育プログラム（thinkLaw）は，生徒たちの正義と公平の強い感覚を刺戟することによって，その潜在能力を解き放つものなのです．

　法教育プログラム（thinkLaw）の持つ非常にアクセスしやすく柔軟な性質によって，教師は生徒や科目に関係なく，この教育方法を実装できるのです．

　ネヴァダ州ラス・ヴェガス市の最も裕福な学校に通っている8年生［日本の中学2年生に相当］の生徒でも，ネヴァダ州の数学の統一試験での習熟度が「完全達成（proficient）」のレヴェルの生徒は60％ギリギリでしかなく，低所得層のコミュニティの学校に通う8年生に至っては，習熟度が「完全達成」のレヴェルの生徒は30％台半ばを超えることがめったにないという状況下で，私のアガシ・プレップ校の8年生の生徒の74％が習熟度「完全達成」に到達しました．

　それ以来，法教育プログラム（thinkLaw）は，以下の諸プログラ

ムとパートナーシップを組むようになりました.

　すなわち，才能のある生徒のための英才教育プログラム，少年院の入院者のためのプログラム，（何らかの理由で親元から保護されて）里親による養育プログラムに入ったが年齢が行ってプログラム卒業を控えた若者の教育プログラム，エリート私立学校，幼稚園入園前プログラム，母語が英語でないため英語が苦手な生徒のためのプログラム（ELL），および連邦のTitle-1基金が支援する貧困層児童教育プログラム，などです．これらとのパートナーシップにより，クリティカル・シンキング教育法を使用すれば，誰でもがクリティカル・シンキングを教えることができる，という私たちの理論的主張が裏付けられています．

　クリティカル・シンキングはすべての生徒によって習得されなければならないものなので，このように裏付けが得られたことは私たちにとってとても励みになります.

第 **5** 章

法教育プログラムとは？

　法律家らしいものの考え方（リーガル・マインド），すなわちクリティカル・シンキングは，法学と通常みなされるものを遥かに超えて適用可能です．誰でもが，朝起きてから寝るまで，クリティカル・シンキングが必要とされる瞬間に何百回も遭遇するでしょう．

　たとえば，歯磨き粉を飲み込み過ぎないようにとのメーカーの注意書き，シリアルの栄養成分表示（そして，あなたがお皿に入れたシリアルの量が，推奨量の少なくとも 2 倍はあるという衝撃的な事実），新しいアプリの使用条件に同意すると仲裁手続の仲裁地として南極に合意したことになる約款，そして日々の通勤で目にする簡単な標識など，すべてでクリティカル・シンキングが必要とされるのです．

　さて，こんな標識があるとします．

　この標識が意味するものは何なのでしょうか？

　ごくごく簡単なことのようにも思われます．つまり，公園内で運転してはならないという意味です．言い換えれば，「ここに公園が見えるでしょう，そこでは運転しないように」という意味の標識でしょう．まさに，読んで字の如く，見たままです．公園内で運転してはならない，というだけのことでしょう．

しかし，ちょっと次の質問に答えて下さい．公園内で自転車に乗ってもいいのでしょうか？

　標識には運転禁止とあるので，たぶん自転車に乗るのはオーケーでしょう．でも，本当にそうでしょうか？

　もし運転禁止が，安全上の理由から設定されたものだとした場合，過激スポーツ大会「Xゲーム」のバイカーたちが，幼児が遊んでいる遊び場の隣で，前輪を浮かせて後輪走行するウィリーなどの危険極まりない離れ技をすることは禁止したくなるでしょう．

　ですからさらに，普通の自転車の運転でも，危険な乗り方を禁止するルールを追加してもよいかも知れません．

　では，原付（原動機付自転車）だったらどうでしょうか？

　原付にはエンジンが付いています．でも，原付を運転することと自動車の運転とではまったく違うでしょう．

　とはいえ，公園内での原付運転を認めたら，次はオートバイ運転も認めるようになるかもしれませんし，その論理で際限なく運転を認めて歯止めが掛からなくなってしまうでしょう．

　ということは，禁止される「運転」が何を意味するかをはっきりさせるべきだということです．たとえば，禁止される「運転」とは，エンジン付きの乗り物のすべてを指すとしたら上手く行くでしょうか？　それで本当に上手く行くでしょうか？

　上手く行きそうではあります．

　しかし，ちょっと待って下さい．かわいい6歳の児童がたまたまジープ社の「チェロキー・パワー・ウィール」のおもちゃを持っていますよ．

　そのおもちゃのチェロキーには小さなエンジンがついていて，子どもを乗せて走ることができますが，時速3マイル［時速約5キロメー

トル〕を超えることはできません（このおもちゃの乗り物は，実は，私が子どものころにとても欲しかったおもちゃでしたが，私の母親は決して買ってくれませんでした．ですから，妬み恨みを晴らす気持ちから，これの運転も禁止したい誘惑を感じます）．

このようなものに乗ることは「運転とはいえない」から，公園内で走ってもオーケーだという人もいるでしょう．

ということで，「本物の自動車でない限り公園内を運転してもよい」というルールに変更してもよさそうです．

では，ガソリン・エンジンのない電気自動車もオーケーなのでしょうか？

最後にもうひとふんばりです．私たちは，「どんな種類のものであれ，動力によって自走が可能な本物の自動車は，公園内で運転してはいけない」という解釈で決着をつけてはどうでしょうか？

しかし，ここで小さな男の子がブランコから落ちてひどく出血をしているとします．そして救急車がすぐに来たとします．救急車が公園内を突っ切って男児のところまで運転して行けば，すぐに男児を病院に運ぶことができると救急隊員が気づいたとします．

他方，公園入口で停車して救急車から降り，ストレッチャー（担架車）を取り出して運び，男児を乗せて病院まで運ぶとなると，決定的な治療時間を10分もロスすることになるとします．

多くの人たちは，男児の生命を救うためなら救急車が公園の中を突っ切って運転しても構わないと考えるでしょう．

しかし，私たちはたった今，公園内での運転はできないと決めたばかりでした．

以上の思考実験は，法教育プログラム（thinkLaw）のアプローチ

が，身近な親しみやすさと複雑さとを同時に備えていることを示す強力な例といえます．

最年少の学校児童でも，「公園内では運転禁止」の意味は問題なく理解できるでしょう．

しかし，このように単純な語句を用いて，その意味の背後に隠れている例外的事情やニュアンスのすべてについて考えを巡らすようにさせることこそ，教師が単純明解な概念を用いてクリティカル・シンキングのマインドセットである「探究心」，つまり表面を貫いてあれこれ内奥を探求する習慣を身に付けさせる指導方法の具体例となっています．

▶ 法教育プログラムの実施方法 ◀

次に続く章では，5つの異なる法教育プログラム（thinkLaw）の実施方法を紹介します．

「多面的な分析とは？」（第6章）は，他の各戦略の基礎を形成する基本的な法教育プログラム（thinkLaw）の実施方法です．法教育プログラムの実施方法全体にとって，このプログラムは最も重要なので，多面的な分析がどのように機能するかを説明する1つの章と，それが機能する理由を説明するもう1つの章から構成されています．

他の4つの「弁護士のように考える」方法，すなわち法教育プログラムの実施方法は，「失敗を分析する！」（第8章），「調査と情報収集の仕方とは？」（第9章），「和解と交渉の仕方とは？」（第10章），および「競い合わせよう！」（第11章）です．

これらの指導方法のそれぞれについて，生徒のクリティカル・シンキングの潜在能力を解き放つ上で，なぜ，そしてどのようにそれぞれの方法が機能するのかを説明します．それによって，それらの根底にある理論的枠組みを理解していただけると思います．

また，これらの指導方法を，小学校および中学校の複数の科目での実際の応用に結びつけるための，実用的な具体例を提供します．これらの具体例には，多くの詳細な説明付きのミニ・レッスン形式のものもあります．その他の具体例には，シンプルな質問や，指導方法の簡単な説明があります．

　これらの方法は，誰にでも何にでも画一的に適用できるようには設計されていません．

　その代わりに，これらの方法は，指導者側である教師の指導の仕方に変化を引き起こすように設計されています．

　ここで注意しておきたいことは，この変化がある種の革命的な変革になることを期待しても，この本はその期待に応えるものではない点です．ですから，法教育プログラム（thinkLaw）が大々的にテレビで紹介されることはないでしょう．かわりに，法教育プログラムは実用的でなければならない，という思想に基づいています．

　このように実践する上での実用性を最重要事項としているので，法教育プログラム（thinkLaw）の方法は，既存の教育カリキュラムにとらわれない道具であることを理解してください．

　言い換えれば，ある学校での算数や国語（ELA）のカリキュラムの有無やその内容に関係なく，この法教育プログラム（thinkLaw）は適用することができる，ということです．

　現実的問題の解決に生徒が主体的に取り組むことを通じて学ぶ課題解決型学習，科学・技術・工学・数学および教養を重視する教育であるSTEAM教育，子どもの自然で自発的な学びを促すことを目指すモンテッソーリ教育，基本に立ち返ることを重視する脚下照顧アプローチ，二言語同時学習プログラムなどを優先している学校のいかなる教育モデルであれ，法教育プログラムは，それらとシーム

レスに途切れることなく統合できるのです.

　以下の章で提供される具体例は主要科目，すなわち，算数，国語
（ELA），社会，および理科での例に限定されています．しかし，美
術，体育，実業教育，技能教育，およびその他の選択科目の教師で
あっても，日常の教育活動で法教育プログラム（thinkLaw）の非常
に実用的な応用方法を見つけることができます.

　これらの法教育プログラム（thinkLaw）とそれを授業に適用する
方法の実践例を読んで行く際には，学業以外への影響についても考
えを巡らせることをお勧めします．先に，クリティカル・シンキン
グを4つの要素を持つものとして定義しました.

　　　1.　必要なスキルとマインドセットの組み合わせがあること，
　　　2.　学ぶべきものを学ぶこと，
　　　3.　分野を超えて問題解決をすること，
　　　4.　単に正しいだけではなく，正しいことを実行するという
　　　　　精神に基づいていること.

　法教育プログラム（thinkLaw）はその学業上のメリットよりも，
紛争解決スキルの向上，市民としての参加の奨励，リーダーシップ・
スキルの構築において法教育プログラム（thinkLaw）が果たす役割
の方が重要です.
　すべての教師は，生徒の人間性全体を涵養するという独自の役割
を担っています．それゆえ，教師は法教育プログラム（thinkLaw）
を駆使する際には，臨機応変に対応して，生徒の性格，判断力，マ
インドセット，およびリーダーシップの潜在能力を，良い方向に成
長させるようにしなければなりません.

第 6 章

多面的な分析とは？

弁護士とは，法的問題という正解のない問題に直面する職業ですが，そのとき，弁護士はそこに複数の側面を見出すものです．

どのような問題であれ，それを完全に分析するには，事案のさまざまな側面をすべて注意深く理解することが必要です．

このような分析を終えても，私が所属しているような大手法律事務所の典型的な若手弁護士は，下記のような多くの問題をさらに検討しなければなりません．

- この案件担当の主任パートナー弁護士に，この情報をどう説明すればいいのか？
- この案件の依頼者に，この情報をどのように説明すれば，勝訴の期待を抱かせ過ぎないようにしつつ，期待以上の成果を挙げるようにできるのか？
- この準備書面を読む気難しい担当裁判官を，最もうまく説得するには，どのように議論を組み立てるべきか？
- 自分の書いた内容が，相手方の議論に最大のダメージを与えるようにするには，どうすればよいのか？

このように多面的に分析し，さまざまな相手に対して説得力のあるコミュニケーションをとることが，法教育プログラム（thinkLaw）の基本です．

本章では，現実の訴訟事件を使って，法教育プログラム（thinkLaw）がどのように機能するかを説明し，多面的に考えることが極めて影響力のあるクリティカル・シンキングの要素であることの理由を正

確に説明し，最後に，法教育プログラムを教育実践に活用する具体例をいくつか挙げます．

ギャラット対デイリィ事件（Garratt v. Dailey, 1955）は，法科大学院生のほとんどが第1学年目の不法行為法の授業で学ぶ，有名な人身事故事件です．

この事件は1955年にワシントン州で判決されました．その事実関係と裁判所の判断を以下に説明してありますが，この判例は法律上極めて重要なものです．しかも，幸いなことにこの判例は，クリティカル・シンキングとそのマインドセットを培うためには持って来いの事案でもあります．

➡ 椅子引き事件 ⬅

5歳の男児ブライアンは，叔母さんが椅子にまさに座ろうとしているのを見て，彼女が座る直前に椅子を引きました．そのため，叔母さんは椅子に座りそこね，転倒して臀部に骨折を負いました．

その結果，叔母さんはこの怪我で病院に行き，医療費11,000ドル［約1680万円］[15]を支払うことになりました．そこで叔母さんは，ブライアンを相手に暴行（battery）による損害の賠償を求めて民事訴訟を提起することにしました．

暴行が成立するためには，以下のことが必要です．

(1) 被告加害者が，意図的な行為を行ったこと，
(2) 身体への物理的な接触を伴っていること，
(3) 危険な行為または攻撃的行為であること，
(4) 損害を引き起こしたこと［因果関係］．

---

15 ［訳注］米国労働統計局の消費者物価指数インフレーション計算サーヴィスによれば，1955年の1ドルは2023年の約11.32ドルに相当する．2023年の1ドルは135円とした．

ある人が暴行による損害賠償の法的責任を負うためには，これら
の成立要件のすべてが真実であると認定される必要があるというこ
とです．

　ブライアンには，11,000ドル［約1680万円］を支払うことができ
ると仮定しましょう．その上で，次の質問がなされたとした場合の，
あなたの直感的な反応はどのようなものでしょうか？

　「ブライアンは暴行による損害賠償の法的責任を負うべきか否か？」

　ほとんどの教師は，法的責任についてどうこう考えることもなく，
直感的に「ノー」と答えるでしょう．4年生や7年生［日本の中学
1年生］，さらには12年生［日本の高校3年生］でも，クラスの全員
一致で同じ反応をするだろうと思います．

　何年にもわたって私は2万人以上の教師に向かって，この質問を
してきましたが，その95％以上が，「ブライアンは暴行による損害
の賠償責任を負わない」という直感的な反応をすると，自信を持っ
て言えます．

　しかし，直感的なバイアスを少しの間だけ脇に置いて，叔母さん
の側だったらどのような主張をするか，考えてみて下さい．ブライ
アンに損害賠償責任を負わせるための叔母さん側の主張はどのよう
なものになるでしょうか？

　ここで，叔母さんの側の視点から分析する前に，以下の分析のた
めの2つの重要な基本ルールを説明しておきます．

　第1に，事実に反する作り話をしたり，でっち上げたりしてはな
りません．分析全体は，与えられた情報の範囲内に限定されなけれ
ばなりません．

　第2に，ブライアンと叔母さんのどちらの当事者も，ここでの事
実関係に異議を唱えないものとします．つまり，このルールは，事

実関係のストーリィ全体をそのまま真実であると見なすということです．言い換えれば，叔母さんが椅子にまさに座ろうとしていたのをブライアンが見た，ということを私たちは知っている，ということです．さらに，叔母さんが座る直前に，ブライアンが椅子を引いて動かした，ということを私たちは知っている，ということです．さらに，叔母さんが転倒して臀部に骨折を負ったという事実についてもまた，私たちは知っている，ということです．要するに，事実関係について争いはないということです．

　これらの事実関係，暴行による損害賠償請求のための法的ルール，および上記の基本ルールが所与だとして，さて，どこから議論を始めるべきでしょうか？

　このタイプの分析の最初のステップは，主要な問題へと絞り込むことです．暴行の事実を証明するために，叔母さんはブライアンの行動が暴行を認定するための 4 つの成立要件をすべて満たしていることを示す必要があります．

　すなわち，ブライアンの行為が，(1)意図的な行為であったこと，(2)身体への物理的接触を伴っていたこと，(3)危険な行為または攻撃的な行為であったこと，および，(4)当該行為が損害を引き起こしたこと，の 4 つです．

　これらの中に，被告ブライアン側として合理的には争いえないような要素があるでしょうか？

　ブライアンの叔母さんは臀部に骨折を負い，医療費が11,000ドル［約1680万円］かかり，椅子を引くというブライアンの行動は危険な行為であり，その危険な行為が叔母さんに損害を与えたことはどれも十分に明らかですから，被告ブライアン側としては争いようがないでしょう．

　確かに，被告ブライアン側としては，叔母さんがそれ以前にすで

に臀部に骨折を負っていたとか，ブライアンの責任にするためにわざと自分から倒れたのだとか，事実関係をでっち上げることはできなくもないでしょう．

　しかし，それでは先ほど述べた分析の基本ルールに違反して事実をでっち上げたことになります．また，叔母さんが以前から臀部の骨折というひどい怪我をしていたのに，このような詐欺師まがいの行為を仕組んで5歳の子どもに医療費を支払わせる機会が到来するまで，長い時間を待ち続けていた，という可能性はほとんどなさそうです．

　したがって，この事案の分析では，ブライアンの行為が意図的なものであったといえるかどうか，および，ブライアンの行為が叔母の身体への物理的接触を引き起こしたかどうかに焦点を絞る必要があります．

　つまり，この事件の場合，これら2つの成立要件のみが，まともに争われうる要素となります．

　意図的な行為であることを証明するのは難しいです．なぜなら，行為者の頭の中を直接に調べることはできないので，ブライアンが意図して叔母さんの椅子を引いたということを直接に証明することができないからです．

　したがって主張責任・証明責任を負っている原告叔母さん側の目標は，被告ブライアンが叔母さんの椅子を引いた行為が，故意によるものであるとしか陪審が結論できないような形で，事実関係の説明を組み立てることとなります．

　しかも，これらの事実関係を陪審員たちに説明するとき，単純明快な方法で提示できなければなりません．陪審は素人集団ですから，精緻に見える法律論などまったく理解できませんし，法律用語をマスターしたいなどとは決して思わないのです．ですから，単純明快

であることが非常に重要なのです.

　ブライアンの行為が意図的なものであったという確固たる結論に陪審員が至るためには，どのような事実関係を単純明快に提示するべきでしょうか.

　本件の事実関係をもう一度見てみましょう.

> 「5歳の男児ブライアンは，叔母さんが椅子にまさに座ろうとしているのを見た. 叔母さんが椅子に座る直前に，ブライアンは椅子を引いた. 叔母さんは転倒した. 叔母さんは臀部に骨折を負った. そこで，叔母さんはこの負傷のために医療費11,000ドル［約1680万円］を支払わなければならなかった.」

　ブライアンは叔母さんがまさに座ろうとしているのを見たことを，私たちは知っています. このことから故意の存在が証明されるように見えます. なぜなら，叔母さんがまさに座ろうとしていることを，ブライアンが知っていたからです.

　また，ブライアンが椅子を物理的に引いたことも，私たちは知っています. 椅子が動いたのは，風のせいでもないし，他に椅子を引いた者もいません.

　しかし，ここにはしばしば見落とされがちな重大な点があります. すなわち，ブライアンが椅子を引いたのは，叔母さんが座る5分前でもなければ，5秒前でもないという点です. ブライアンは「叔母さんが座る直前」に椅子を引いたのです.

　このように正確にタイミングを取ったということは，熟慮と計算による行為であることを示しており，意図的な行為であることを強く推認させます.

　これらの情報をつなぎ合わせて，分かりやすいストーリィに組み立てて，陪審に説明するには，以下のようにすればよいでしょう.

裁判長，ブライアンはまだほんの5歳かもしれません．

　しかし，この5歳の子どもは，自分の叔母さんがまさに座ろうとしているのを見ただけではありません．

　ブライアンはまた，叔母の椅子を引いただけでもありません．

　ブライアンがしたことは，叔母さんが座ろうとしたまさにその瞬間に椅子を引いたのです．

　もちろん，ブライアンの頭の中を覗いて，彼が故意にやったと証明することはできません．

　しかしです，陪審員の皆さん，……あなたならどうお考えになりますでしょうか？

　この議論には大きな説得力があるでしょう．あなたは今，ブライアンをなんとか弁護してあげたくてたまらなくなったことでしょう．あなたがブライアンの弁護士だったら，この故意についての主張にどうやって反論しますか？

　ここでは，故意について議論しようとする典型的な小学6年生の立場に立って考えてみましょう．6年生が固執する事実関係で，そのために真の分析ができなくなる重要な点は何でしょうか？

　ブライアンの年齢が躓きの石になるとあなたが考えているなら，それは正解です．

　この問いに対して，6年生が「まだ5歳です！」という6文字の文章で答えたとしても，私は驚かないでしょう．なぜなら，5歳の幼児は，椅子を引くことがもたらす潜在的な結果を理解していない可能性が高いと考えるのは自然だからです．

　5歳児の多くは，わざと身内を入院させようなどとは思わないので，これはおそらく正しいでしょう．

　しかし，ブライアン側の最善の主張が「ブライアンは幼すぎる」とか「ブライアンはふざけていただけだ」だとしたら，それではおそらく十分な主張とはならないでしょう．

　女性の腰に骨折を負わせておきながら「冗談のつもりが失敗した

だけ」と言い張るのは裁判所での主張として無理がありすぎます.

ここでもう一度，この事件の事実関係を見直してみましょう.

> 「5歳の男児ブライアンは，叔母さんが椅子にまさに座ろうとしているのを見た．叔母さんが椅子に座る直前に，ブライアンは椅子を引いた．叔母さんは転倒した．叔母さんは臀部に骨折を負った．そこで，叔母さんはこの負傷のために医療費11,000ドル［約1680万円］を支払わなければならなかった.」

これとまったく同じ事実関係を見て，別の角度からのストーリィで説明する方法はあるでしょうか？

叔母さんが椅子にまさに座ろうとしているのを見て，彼女が座る直前に椅子を引いたという事実関係を私たちは知っています．しかし，ブライアンはなぜこんなことをしたのかはわかりません.

もしブライアンが，叔母さんが椅子に座るのを手助けしようとしていたとしたらどうでしょうか？ ブライアンが「訓練中の紳士[16]」だったとしたら，叔母さんが座る直前に椅子を引くことは，完全に理にかなっています.

では，叔母さんはなぜ転倒したのでしょうか？

ブライアンはまだ5歳です．そのような幼児は，目と手の連動が不完全だったり，身体をうまく動かせなかったり，あるいは適切な空間深度識別能力を持っていなかったりします．そのため椅子を引き損なったのかもしれません.

あるいは，叔母さんが座ろうとしていたときに，椅子をちょっとだけ横滑りさせる，という重要なステップを省略してしまっただけなのかもしれません.

いずれにせよ，以上の説明で陪審員を説得できるかは，私として

---

16 ［訳注］紳士・淑女としての立居振舞の躾を受けている子どもを指す慣用句である．原語はGentleman-in-Trainigで GIT と略される.

も自信がありません.

　しかし，本件の事故が，この「訓練中の紳士仮説」の通りに起こった場合には，紳士としての振る舞いをしようとしたという定義により，ブライアンの行為は叔母さんを骨折させようという意図的なものではありえないことになります.

　暴行の成立要件である物理的身体接触の検討に進みましょう.

　物理的身体接触は，それを証明するのが難しいのはなぜでしょうか？　ブライアンが椅子を引いた際には，直接的接触は生じていません.

　ブライアンが椅子を引いたとき，叔母さんの背面が激しく床に叩きつけられました.　したがって，叔母さん側の弁護士としては，直接的接触がなかったという事実をかいくぐる方法を見つけなければなりません.

　ブライアンは叔母さんが椅子にまさに座ろうとしているのを見ました.　アイ・コンタクトが身体的接触の要件を満たすのに十分であるかどうかを検討することは，ここで役に立つかもしれません.　しかし，誰かに不快な表情とか，軽蔑の眼差しとかを向けることが，暴行による賠償責任を負うのに十分だったとしたら，身の回りの世界はどのようなものになるでしょうか？　このアイ・コンタクト理論はおそらく最良の考えではないでしょう.

　叔母さんの身体が転倒して床に接触することになるような仕方で，ブライアンが椅子に接触したことはわかっています.　椅子の木材が床の木材とつながっていて，床が叔母の尾骨とさらにつながっている，だから物理的身体接触があったのだ，という議論をすることができるでしょうか？

　このような状況下では，椅子と床が叔母さんの体の延長物になる

というこの考え方は役には立ちますが，陪審席に座っている法の素人たる陪審員にとっては少し納得しがたいものでしょう．

　私が叔母さんの弁護士であったなら，仮にブライアンの行動が物理的身体接触と見なされないとしたら，法政策的な見地からはどういうことになるかを論じて，陪審員を説得しようとするでしょう．
　暴行が成立するのは，直接的身体接触をした場合のみであるとすると，私たちの身の回りの世界はどのようなものになるでしょうか？
　ある人が自動車で誰かを轢いても，「裁判長，物理的には車のバンパーが被害者に当たっただけで，私の身体は被害者の身体に触れていません」と言えばよいことになります．それに対して裁判官は「よし，そうだな，直接的身体接触はなかった，請求棄却にて一件落着だ」と言うことになるでしょう．
　また，暴行の主張に対する完全な防禦として，「私の身体ではなく，ナイフが被害者を刺したのです」とか「私の身体ではなく，弾丸が被害者を傷つけたのです」とか「私の身体ではなく，レンガが被害者の頭を殴ったのです」などと主張すれば済むようになるでしょう．
　以上の思考実験から，身体接触には連続的な程度というものがあることがわかります．すなわち，一方で，誰かの顔を手で殴るような直接的な身体接触があり，もう一方では，酒を給仕したバーテンダーのせいにすることができるというようなかなり直接性の遠い身体接触がありえます．

　どのバーテンダーのことを言っているのか，ですって？
　それはつまり，ブライアンを懐胎した夜，ブライアンのお母さんとお父さんはバーでテキーラベースのお酒マルガリータを楽しんでいました．2人にバーテンダーはテキーラを非常に気前よく注ぎました．このバーテンダーです．

それから5年と10か月後，ブライアンは叔母さんの臀部を骨折させてしまったのです．バーテンダーがブライアンの両親のデート・パーティーを始めさせなかったとしたら，お母さんがブライアンを懐胎することはなかったでしょうし，ブライアンが生れていなかったら叔母さんの椅子を引くこともなかったでしょう．

　このバーテンダー理論は，因果関係を証明するには明らかに行き過ぎです．したがって，因果関係理論としてここで適用できる「アレなければコレなし」タイプの推論（But-for-Test）には限界があります[17]．

　しかし，誰かが座る直前に椅子を引く行為は，「アレなければコレなし」の連鎖の距離としてはバーテンダーよりは遥かに近いといえ，身体接触と見なされるべき可能性は高いといえそうです．

　多くの教師たちは，クリティカル・シンキングを「感情を排除した分析」として定義しています．つまり，クリティカル・シンキングとは，理性的な思考をすることとされているのです．

　他方で，感情をベースにして思考することは，本質的に非合理なものとされます．

　私自身は，クリティカル・シンキングと感情の関係はもう少し微妙なものだと考えています．その理由は，ブライアンの行為に関して，どのように分析してきたかを思い起こせば，分かっていただけると思います．

17　［訳注］法律の世界では伝統的に「アレなければコレなし」の基準（But-for-Test）で因果関係を判断する．「椅子引き」なければ「怪我」なし，よって因果関係あり，となる．論理学の「必要条件」に相当する．ただし，本文のようにどこまでも遡ることが可能になるという問題があるとともに，常識的な因果関係「椅子引きがあったから怪我をした」とは論理的な「逆」であり，必ずしも真とはならない．なお，確率論を導入するとこの議論は成り立たなくなり，疫学的な議論が必要になることに注意が必要である．

意図と身体接触との関係を以上のように分析した上で，本件の事実関係をもう一度読み直してみて下さい．事実関係を以下に繰り返します．

　　　「5歳の男児ブライアンは，叔母さんが椅子にまさに座ろうとしているのを見た．叔母さんが椅子に座る直前に，ブライアンは椅子を引いた．叔母さんは転倒した．叔母さんは臀部に骨折を負った．そこで，叔母さんはこの負傷のために医療費11,000ドル［約1680万円］を支払わなければならなかった．」

　この事実関係を初めて読んだときと比較して，あなたは今，この事案は最初に思ったよりも複雑で微妙なものかもしれないと思うようになったのではないでしょうか？

　それはつまり，あなたがクリティカル・シンキングのマインドセットを習得しつつあることを意味します．つまり，表面を貫いて中の本質を見る習慣をあなたが身に付けてきたということです．

　あなたは最初，この事実関係を読んで感情的な衝撃を受けるという，直感的な反応を示したと思います．つまり，すべての詳細な事実を十分に分析することなく，直感で判断したのです．

　しかし今のあなたは，自分の判断が感情に基づいていたことを自覚できるほどに，成熟したクリティカル・シンキングのマインドセットを身に付けたのです．そして，自分の直感は，本当の分析によってはまだ裏付けられていないことも自覚しています．

　もしすべての生徒たちが，表面的には単純素朴に見える情報に対しても，それをより深く調べるようになるだけの，健全な懐疑心を持ったらいかに素晴らしいか，と想像してみて下さい．

　もし大人たちが，ソーシャル・メディア上でこのような態度をとっていたらどうでしょうか？　見出しを読んだだけでその記事につい

て貶したり褒めたりする前に，大人たちがまずちゃんと記事の中身を読むようになったらどうでしょうか？

　表面的には馬鹿げた事案に見える本件も，当初の直感的バイアスから一歩踏み出して，叔母さん側に立って主張をしてみるという単純な行為を試みれば，より慎重で深い分析ができるようになるのです．

　このような思考プロセスを何度も繰り返して行けば，生徒たちに必要なクリティカル・シンキングのスキルやマインドセットが身に付いてきます．

　事実関係の向こう側を見るために，これまであえて採り上げなかった問題点を直視してみましょう．この事件が奇妙に思えるのはなぜなのでしょうか？

　叔母さんが自分の甥っ子を訴えるというのは奇妙なことです．とりわけその甥っ子はまだ5歳なのですから．そこから見えてくる，この事件の真相は何なのでしょうか？　この訴訟提起の動機となっている舞台裏の具体的事実は何なのでしょうか？

　あなたは今，あれこれと頭を巡らせているだろうと思います．家族内の愛憎ドラマ，特に叔母さんとブライアンの両親との間に何か揉め事があったのではないか，と考えているかもしれません．

　あるいは，これには保険が絡んでいるのかもしれません．つまり，叔母さんはお金がとても必要で，保険金の支払いを受けるためには，なんとかしてブライアンを訴える必要があったのかもしれません．

　お金といえば，もしかしたらブライアンは大きな信託財産の受益者となっていて，彼の家系はお金持ちなのかも．だとすれば，同じ怪我をするなら，この家でなきゃ，ということかもしれません．

　あるいは，ブライアンはこのような悪さを何百回も繰り返しているのに制裁を免れてきた超悪童なので，この訴訟にはブライアンを

制裁によって矯正しようという動機があるのかもしれません.

　この事件の背景に関してどんな内容を思いついたとしても，その内容そのものは実は重要ではありません. 重要なのは，いろいろ思いつこうとあれこれ考えを巡らす姿勢の方です.

　これが歴史の授業で，教師が生徒に米国の進歩主義時代の最も影響力のあった人物は誰かを尋ねた場合，これが理科の授業で，教師が化学反応を引き起こしている原因を予測するよう生徒に要求した場合，あるいは何の授業でいかなる質問であれ，教師が受ける最も頻繁な応答は「分かりません」であるか，または悪名高い「目を泳がせつつ黙り込むこと」でしょう.

　しかし，生徒たちが生まれ持つ正義と公平の感覚に訴えかければ，ブライアンを救うための知恵を絞ろうと世界の果てまででも行こうとするようになるのです. 生徒たちは教科書のページの行間を読み，途切れることなく予測と推論を行うようになります.

　この点は，視野を大きく広げて，法政策の観点からの大きな問いかけにまで拡張することができます.

　子どもが勝手に椅子を引いて人に重傷を負わせても構わない世界，攻撃した子どもが幼すぎるからというだけの理由で，被害者が損害を回復できないような世界，そんな世界だったらどうでしょうか？

　それとは逆に，子どもが悪ふざけをするたびに，大人が5歳の子どもを訴えることができる世界だったらどうでしょうか？

　どちらの世界も理想的ではありませんが，どちらかの世界に住むとしたら，どちらを選ぶでしょうか？

　この時点まで，私たちは小学校で導入できるほどに単純な考え方を使ってきたのですが，同時に分析の点では，法科大学院や裁判法

廷で見られるほどにまで議論の厳密さのレヴェルを拡大深化させてきました.

　ここで1番良いことは,生徒たちが到達していることがどれだけ深いことなのか,生徒たち自身も知らないということです.

　それが,ブルームが1956年の論文で提唱した「ブルームの教育分類」の最上位の到達レヴェルであれ,ウェッブが1999年の論文で提唱した最上位の到達レヴェルである「深い知識」であれ,あるいはそれがいかなる理論であれ,あなたが最もよく知っている厳密に整備された教育到達基準における最高レヴェルにおいて,生徒たちはクリティカル・シンキングを自覚すらすることなく実践しているのです.

　生徒たちは,ブライアンの権利のための戦いを楽しんでいるのです!

　そして,教育指導のクライマックスとして法政策的見地からの大きな問いをすることは,教師と生徒の間のパワー・バランスを生徒寄りへとシフトさせるための実用的なツールになるのです.

　すなわち,法政策からの大きな問いかけをすることによって,一方的に教え導くステージ上の賢人から,自ら学ぶという大変なことを生徒がエンジョイしつつ実践するようにサポートする「ファシリテーター」に教師の役割がシフトするのです.

■➡ 「椅子引き事件」の「答え」 ◀■

　これまで考慮してきた内容をすべて念頭に置いたとして,ブライアンの「椅子引き事件」の最適解決策について,あなたは自分の意見を変えましたか?

　さきほど叔母さん側の主張をより詳細に分析しましたが,それによってあなたは,ブライアンに暴行の損害賠償責任を負わせるか否かについて判断を変えましたか?

意見や判断をあなたが変えたか否かは別として，結果がどうあるべきだとあなたが考える内容と，裁判官が判決するであろう内容との間に違いはあるでしょうか？

　ブライアンが損害賠償責任を負うべきではないと信じる人の多くも，裁判官はブライアンに損害賠償責任があると判断するだろうと考えます．そう考える理由は，裁判官がより客観的であり，訴訟での事実関係だけを見るからというものです．裁判官に比べ，自分はそれほど合理的ではないかも知れないが，当該の事実関係を超えた論点についてもっと広く深く考えるから，結論が異なるのだと思うものです．

　しかし，裁判所の判断を見れば，裁判官の判断と一般人の直感の間の緊張関係には，もっと理にかなった，そしてもっと単純な説明があります．

　裁判所は，ブライアンが暴行の損害賠償責任を負うと判断しました．

　裁判所は，ブライアンには叔母さんの臀部の骨を折る意図はおそらくなかったであろうけれども，危害を加える意図がブライアンにあったかどうかは，本件では問題ではないと判断しました．

　問題となるべき唯一の意図とは，椅子を引くというブライアンの意図です．身体への直接の接触はありませんでしたが，人が座ろうとしているまさにその時に，その人の下から椅子を引けば，身体接触が生じることはほぼ確実です．

　これを読んでいる人の中には，この判決に納得できない人もいるでしょう．

　それはそれで結構です．これが正しい答えだというわけではないからです．これは単にひとつの裁判所の判断にすぎません．

裁判所はかつて，異人種間結婚を禁止する法律を支持していました．その理由は，その法律によって誰も異なる人種の人と結婚することができなくなるが，それこそが公正である，というものでした！

　裁判所は，第2次世界大戦の時，日系アメリカ人に対する強制収容に賛成しました．また別の複数の裁判所は，国籍が日本の人もインドの人も，米国市民権を付与される資格がないと判断しました．

　しかし，人々はこれらの判断を最終的な答えとして受け容れる必要はありません．言い換えれば，ブライアンの事件結果を読んだ後にあなたが感じているような葛藤は，良い意味での葛藤なのです．

　世界を現状のままに分析するために，クリティカル・シンキングを生徒に提供することも教育のひとつのあり方です．同時に，世界がどうあるべきかの問題提起をするためのツールとしてクリティカル・シンキングを生徒に提供することは，はるかに強力なもうひとつの教育です．

　この椅子引き事件のような判例があるゆえにこそ，「多面的な分析」が法教育プログラム（thinkLaw）の基盤となるのです．

　あまり賛同できないような人の立場を擁護する主張をするというのは，なかなかやりたくないし難しく感じる作業です．同様に，心から同情する人たちで，基本的に責任を負わせたくない人たちに対して，責任を負わせるべき理由を考えることは，なかなかやりたくないし難しく感じる作業です．

　しかし，これらは困難な作業でも，それらはやるに値する挑戦です．これは建設的な挑戦であり，この挑戦を通じて，より深く分析できるようになるだけでなく，このような問題について考える上での私たちの思考の習慣を変えてくれるものです．

第 7 章

多面的な分析の威力とは？

　前の章では，小学校２年生レヴェルの５行からなる文章を3,000語近く使って分析しました．

　法教育プログラム（thinkLaw）の戦略である「多面的な視点からの分析」が強力なものである理由には以下の３つがあります．

1. 多面的な分析により，生徒に動機付けを与え，その主体意識を引き出すことができる．
2. 社会性と情動の学び（SEL[18]）がかつてないほど重要視されている現在，共感力を養うための実践的なツールを提供する．
3. 最も重要なことは，多面的な分析が，学年や教科を超えたクリティカル・シンキングのための法教育プログラム（thinkLaw）の基礎となっているという点である．

　この章では，この威力のある法教育プログラム（thinkLaw）が，どのように機能するのか，より深く見て行くことにします．

➡ 動機づけと主体意識 ⬅

　「椅子引き事件」（69頁参照）を用いた学習を教室で自分が指導すると考えるだけで，おそらくあなたは身体にエネルギーが満ちてくるように感じるでしょう．

　このようなタイプの学習の最中には，「それはテストに出るのですか？」と大声で質問する生徒は出て来ません．生徒の誰も「これ

---

18 ［訳注］Social and Emotional Learning: SEL とは，自覚，セルフ・コントロール，社会関係的スキルを涵養するための学びのことである．

は成績評価の対象なのですか？」などと言ったりしません．

　生徒には，やる気というレヴェルを超える熱中が生じます．

　生徒の「やる気」という言葉は使い古されていて，やる気を持って取り組む生徒が必ずしも学んでいるとは限らないことを忘れてしまいがちなほどです．

　しかし，生徒が本来持っている動機付けや主体意識を引き出せるような形で，やる気を引き出す授業が意図的に設計されているなら，やる気は，深く学びたいという欲求を生徒に芽生えさせる上で重要な要素となります．

　では，動機付けと主体意識とはどのようなものでしょうか？

　「椅子引き事件」について学んでいるとき，生徒たちが経験していることは，成績優秀なスター生徒としての経験でも，試験のための勉強という経験でもなく，もっと深い経験なのです．

　すなわち，「5歳の児童の将来がかかっているのだ！」という問題意識からの取り組みです．

　生徒を突き動かしているこの内発的な原動力は，正義と公平，対立，ドラマ，調査，競い合いなどとたいてい結び付いています．

　また，有意義で自律的な学習体験の一部として人間関係を構築できるような生徒には，何か力強いものがあります．この段階に到達するためには，自分には学習目標を見事に達成する能力があるという自信を生徒が感じなければなりません．

　「椅子引き事件」の検討の場合，学びのプロセスに生徒が熱中しつつこの事案を分析するためには，法科大学院に行くまで待つ必要などありません．

　グループ討議で学習する生徒たちは，自信があるからこそ，お互いのアイデアに基づいてさらに考えを深め合い，互いに創造性の限

界まで突き詰め合うことができ，もったいぶった説教調になっても笑い合うことができるのです．

　以上に基づいて，ここで，やる気について重要なことを述べましょう．

　次のような言明の真偽について，読者の皆さんはどう返答するでしょうか．

　「生徒には本当にやる気がない．もしやる気があったなら，もっと成功しているはずだ．」

　何年も前の私だったら，迷うことなく「その通り」と答えたでしょう．

　しかし，正規の教育システムの内側や外側にいる全国の若者たちと交流する機会を得たおかげで，私は教師たちがやる気についてまったく何も理解していないと確信するようになりました．

　私は，テキサス州とアリゾナ州の国境地帯に住む若者たちを知っています．彼らは毎日2時間半もかけて学校に通っています．なぜなら，国境を超えてメキシコ領内に毎晩戻らなければならないからです．治安の非常に悪い地域を通ったり，困難な家庭環境を乗り越えたりして，毎日学校に通っている若者たちを知っています．

　また，非常に複雑な問題を解決するために徹夜をすることも苦にしない若者をたくさん知っています．もちろん読者のみなさんがおっしゃる通りで，こうした複雑な問題の中には，最新のゲームにハマっているというだけのことも多いことは確かです．

　しかし，これらの事例のいずれもが示しているのは，生徒がやる気を持っていないことが問題の本質ではないということです．

　目に見えるものであれ，見えないものであれ，さまざまな形で生徒たちはやる気を持っているのであり，それは私たちの想像を超え

るほどのものなのです.

　教師としての私たちの課題は，「私たち教師が，生徒がやる気を発揮できるような機会をいかに頻繁に作ることができるか」というものです.

■▶ 共感の構築 ◀■

　一見しただけですと，叔母さんが5歳の甥っ子を裁判に訴えるというのは，どこか間違っていると感じられるでしょう.

　しかし，私たちが叔母さん側の主張を検討し，その立場に立って考えていくと，叔母さん側の状況もかなり可哀想なものに見えてくるのではないでしょうか. 叔母さんは治療にかかった一連の医療費をすべて自己負担しており，臀部の骨折に苦しんでいます.

　この叔母さんがあなたのお母さんだったらどう思うでしょうか？あるいは，この叔母さんがあなた自身だったら？

　自分では賛同できない側を支持するために，もっともらしい議論を展開すること，本件でいえば叔母さんの立場に立って，まだ幼い5歳の男児ブライアンを暴行で訴えることを正当化しようとすること，これを実践することは強力な武器となります.

　対立の相手側の立場に自分の身を置いてみることで，相手の目には紛争がどう見えているかを知る能力は，共感の本質です[19]. 「社会性と情動の学び（SEL）」が，教師の職責リストでの支持者8900万に達しています. これに鑑みるとき，高度の学習内容と「社会性と情動の学び」のどちらか一方だけを選択しなければならないわけではないことは，私たちにとって救いです.「多面角な分析」は，両方の目標を同時に達成することができるからです.

19　[訳注] 原語はempathyで，心理学等では「感情移入」と訳すが，分かりやすさのため共感と訳した. なお，「共感」の英訳はsympathyである.

あなたにはこのドレスが何色に見えますか[20]？

ヤニーか，ローレルか？[21]

ポパイ店のチキン・サンドイッチか，チックフィレイ店のチキン・サンドイッチか？[22]

対立するどちらか一方の側に大衆がのめり込んで，何かしらの優劣や勝ち負け等の決着をつけないと気が済まなくなって，喧嘩腰になるという傾向があります。

---

20 ［訳注］これは，ドレスの色が青と黒なのか，白と金色なのかで論争と化したインターネット・ミームに基づいた質問である．The dress ないし Dressgate と呼ばれている．

21 ［訳注］これは，インターネット上の音声クリップが人によって「ヤニー」ないし「ローレル」とまったく違う2つの単語に聞こえるミームに基づいた質問である．

22 ［訳注］フライド・チキンの有名人気チェーン店である「ポパイズ・ルイジアナ・キッチン」と，鶏肉料理に特化したチキン・ファースト・フード・チェーンである「チックフィレイ」のチキン・サンドイッチのどちらが美味しいか決めるインターネット上の戦争に基づいた質問である．

この傾向のために，過剰な対立が炎上するバイラル現象には，ネタ不足はないように見えます．

ニュースやスポーツの専門テレビ局を見れば，自分の立場や見解ばかりわめき散らす解説者・評論家からなるパネルが，互いに喧嘩腰になっているのが目につきます[23].

幸いにして，法教育プログラム（thinkLaw）の「多面的な分析」モデルは，はるかに思慮深い理由付けへと進むための具体的なフレームワーク（枠組み）を構築しています．

学年レヴェルにも科目にもよらず使えるクリティカル・シンキン

〔図表4〕 生徒は，どのように考え，書き，議論すべきか

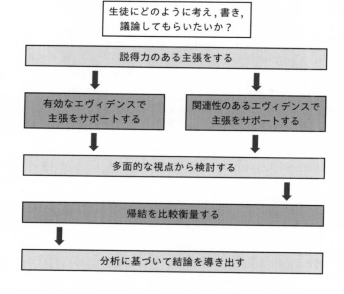

---

23 ［訳注］米国のテレビ番組では，日本と異なりこのようなプロレスまがいの喧嘩腰の激論を戦わせることが視聴率稼ぎの常套手段となっている．

グのための普遍的なフレームワークです．これはさらには，リーダーシップ，子育て，および意思決定一般のための普遍的なフレームワークでもあり，フォーマット化すれば**図表4**のようになります．

　立論をするときには，どんな主張も必ず，それがエヴィデンスによって裏付けられていなければなりません．そのようなエヴィデンスは有効なものでなければなりません．すなわち，エヴィデンスは，信頼性があり，信用性があり，そして最新であることが必要です．

　エヴィデンスはまた，主張との関連性がなければなりません．関連性があるとは，当該主張を実際に裏付けるエヴィデンスであることを意味します．

　このプロセスの一環として，生徒は多面的な視点から物事を検討する必要があります．そのために生徒は，自分の思考を補強するために，自分の立場と反対の主張をする真の「悪魔の代弁者（devil's advocate[24]）」になろうとするべきです．

　次に，生徒は自分の判断のもたらす帰結について考えなければなりません．「もし……なら，世界はどうなるだろうか？」と問いかけることで，生徒は目の前の問題を超えて，自分の判断が社会に対して持ち得る影響を視覚化することができるようになります．以下のような問いかけも同様です．

　生徒の判断は，長年適用されてきたルールや規範をどのように変えることになるのでしょうか？

　この問題は，正しくあることの結果よりも，正しい行動をすることの結果の方が，より重要であるような問題の1つなのでしょうか？

　最後に，生徒の結論は，ここでの分析から直接的に導かれるもの

24　［訳注］悪魔の代弁者とは，議論を活性化させるために，あえて相手の意見や主張を否定・批判する役割の人を指す．

でなければなりません.

　多くの場合に生徒は, この方法とは正反対の方向の推論をしてしまいがちです. すなわち, 自分が求める結論を先に決め, その結論に無理やり到達するように推論するのです.

　さらに, 有効でないとわかっている怪しげな情報源の内容を引用したり, 問題の主張とはまったく関係のないエヴィデンスを適当に持ち込んだりします.

　生徒たちは, 自分の側を支持する情報ばかり積み上げてゆくものです.

　生徒たちが気にする帰結は, 自分の望む結論に到達できないという帰結だけです.

　法教育プログラム (thinkLaw) では,「ドゥロー・シー (DRAAW+C)」というフォーマットを用いることで, 分析プロセスを簡素化します (**図表5**参照). このフォーマットであれば, クリティカル・シンキングが必要な意思決定や課題が発生したときに, いつでも簡単に実行することができます.

〔図表5〕 ドゥロー・シー・フォーマット (DRAAW+C)

D	判断 (Decision)：誰が勝つべきか？
R	ルール／法 (Rule/Law)：この事案に適用されるべきルールや法は何か？
A	原告側主張 (Arguments, P)：訴訟を提起した人が裁判に提出するすべての証拠, 事実, および法的主張
A	被告側主張 (Arguments, D)：訴訟で防禦する人が裁判に提出するすべての証拠, 事実, および法的主張
W	世界 (World)：社会全体から見て, なぜあなたの判断が, 他の可能などの判断よりも世の中のためになるのか？
C	結論 (Conclusion)：判断を最終的結論として書く

まず,「誰が勝つべきか?」の判断 (D) から始めます. 以下,
順次,「最適な行動は何か?」,「どの人を選ぶか?」と問うていき
ます.

　その上で, ルール, 法, 数学属性, 文法規則, 科学理論, その他
の論理的な根拠などを, 自分の主張のために援用します (R).

　米国の「革新主義の時代」(1890s-1920s) の最も影響力のある人
物は誰かを生徒が説明する場合なら, 以下のようなルールの説明を
するでしょう.

　「ある人が革新主義の時代における最も影響力のある人物である
ためには, その人物の行動が, 1890年代から 1920年代の間に米国
で生じた最も大きな変化に対する, 直接の原因となった人物でなけ
ればならない.」

　あるいは, 西洋美術史の授業に出ている生徒たちが, 絵画がどの
時代区分のものかを分類している場合, ある作品を新古典派と判断
した場合, 次のようなルールを援用するでしょう.

　「新古典派美術では, 描かれた対象が非常に明確でシャープな輪
郭線で描かれていて, 彫像のように見える.」

　そうした上で, 生徒たちは議論 (A) へと進みます.

　生徒たちとしては最低限, しっかりとした主張と反論をしたいと
ころですが, 多くの論点は,「一方では……, しかし, 他方では」
といった単純な構造の問題ではありません.

　後に第10章「和解と交渉の仕方とは?」で論じるように, 生徒た
ちは 3 つ以上の相対立する議論を分析する必要もあるでしょう.

　さらに, 教師としては, 議論の分析では柔軟な対応に心がける必
要もあります.

小学生に教えるのであれば単純に，主張と反論をそれぞれ1文ずつ書かせればよいかもしれません．

　中学生レヴェルなら，主張と反論にそれぞれ複数の論拠を書いて，段落を構成するよう指導するでしょう．

　フォーマット「ドゥロー・シー（DRAAW+C）」の構成要素「世界（W）」の部分は，良い議論を力強い議論に変えるものです．

　図表6に示したドゥロー・シーを使った例は，小学校3年生の児童が作成したものです［本文69頁以下の用語と漢字をそのまま使って表記した］．

〔図表6〕　小学3年生によるドゥロー・シー・フォーマットの使用例
ドゥロー・シー（DRAAW+C）・フォーマット

D	**判断（Decision）：** 叔母さんは裁判に負けるでしょう．
R	**ルール／法（Rule/Law）：** この事例の場合，ブライアンの行為が，意図的なものであり，危険な行為ないし攻撃的行為であり，損害を引き起こしたのであり，かつ，他者の身体への物理的接触でなければならない，というルールが適用される法です．
A	**原告側主張（Arguments, P）：** 叔母さんは，ブライアンが故意に椅子を動かしたのであって，しかも叔母さんが転倒するであろうことを知っていた，と主張するでしょう．
A	**被告側主張（Arguments, D）：** ブライアンは，自分はまだ5歳で，叔母さんが怪我を負うことになろうとは知らなかった，と主張するでしょう．ブライアンは，ふざけていただけだ，と主張するでしょう．
W	**世界（World）：** もし，叔母さんが勝訴するようなら，他の子どもたちも訴えを提起されるようになってしまう．子どもたちには，お金も弁護士もないのに，です！
C	**結論（Conclusion）：** したがって，叔母さんは裁判に負けるべきです．

この児童が主張と反論とをぶつけあったとき，すでに議論の常道を進み始めているといえます．

　「叔母さんは，ブライアンが故意に椅子を動かしたのであって，しかも叔母さんが転倒するであろうことを知っていた，と主張するでしょう．それに対し，ブライアンは，自分はまだ5歳で，叔母さんが怪我を負うことになろうとは知らなかった，と主張するでしょう．」

　さらに進んで，ブライアンを敗訴させる判断は，今後のこれと同じような事案で法政策上の悪影響を与えるだろう，とこの生徒が分析できるならば，その議論は飛躍的にレヴェルが向上することになります．

　「もし，叔母さんが勝訴するようなら，他の子どもたちも訴えを提起されるようになってしまう．子どもたちには，お金も弁護士もないのに，です！」

　構成要素「世界（W）」における理由付けは，最も一般的に見られる応答であるため，何度も聞いたことのように聞こえるかもしれません．これは，「水門を開いて洪水を招く」と呼ばれるタイプの議論です．

　このタイプの議論の他の例は次のようなものです．

　「コーヒーが熱すぎたためとして，そのために被害を受けた女性が提起した訴訟で，被害者を勝訴させると，水門が開いて洪水が広がるように，あらゆる種類のクレイジーな事件（根拠のない言いがかり訴訟）が次々と起こされるようになるでしょう．たとえば，次に知っておくべきは，誰かが服を着たままアイロンをかけて（！），そのアイロンで火傷したとして，アイロン・メーカーを訴えることも可能となってしまうでしょう．」

〔図表7〕 ドゥロー・シーのルーブリック

	3点	2点	1点
判断	誰が訴訟に勝つべきか，についての主張を明確に述べている．	勝者が誰であるかを明確に特定していない漠然とした主張を述べている．	誰が訴訟に勝つべきかについては主張していない．
ルール・法	事件に適用されるルールまたは法を明確に説明し，必要に応じて法的ルールを予測または統合する．	事件に適用されるべきルールまたは法を特定するが，そのルールまたは法が何であるかを明確に説明していない．	事件に適用するべきルールを特定していない．
原告側主張	訴訟を提起する人が使用すべき最も説得力のある証拠，事実，および議論を明確に特定している．	訴訟を提起した人の証拠，事実，および議論を特定するが，最も関連性のある証拠，事実，および議論のすべてが含まれているわけではない．	訴訟を提起する人のすべてまたはほとんどすべての証拠，事実，および議論が欠落している．
被告側主張	訴訟で防禦する人が使用すべき最も説得力のある証拠，事実，および議論を明確に特定している．	訴訟で防禦する人の証拠，事実，および議論を特定するが，最も関連性のある証拠，事実，および議論のすべてが含まれているわけではない．	訴訟で防禦する人のすべてまたはほとんどすべての証拠，事実，および議論が欠落している．
世界	判断が下された場合に，法政策の観点から世界がより良くなる理由を明確に説明している．	法政策の議論に取り組んでいるが，結果が達成された場合に，世界がより良くなる理由を明確に説明していない．	法政策に取り組むすべてまたはほとんどすべての議論が欠落している．
結論	それまでの議論で説明されていない新しい論点を提起することなく，重要な議論を要約する結論を明確に述べている．	重要な議論を要約せずに結論を下しているか，それまでの議論で提起されなかった論点を結論に新たに持ち込んでいる．	結論が欠落している．

このタイプの議論は「滑りやすい坂道」の論法と同族です.

「医療用マリファナを合法化すると,滑りやすい坂道を滑り落ちるように,すべての薬物の完全な合法化にまで行ってしまう.」

滑りやすい坂道論法は,極端な形で使うと論理的な誤謬になる可能性があります.しかし,その主要な発想は,目前の問題を超えて先見的に考えさせ,判断の先例としての価値を分析するようになるのを助けることです.

構成要素「世界(W)」の議論が効果的になるためには,ある判断によって世界が良くなる(または悪くなる)理由を明確に説明する必要があります.

最後に,構成要素「結論(C)」では,確固たる結論ならそうであるように,新しい論点を提起することなく,重要な議論を繰り返します.

図表7は,ドゥロー・シー(DRAAW+C)の評価方法を示すルーブリックです.[25]

▶ 多角的視点からの分析の例:誰が勝つべきか ◀

「誰が勝つべきか?」との問いは,生徒が多角的に問題を分析できるようにするために設計された,学びの基本的な問題設定です.この教育方法の手順は,次のとおりです.

1. 根幹となる質問を選択する:誰が,何を?
2. 実行したいことのランキングを選択する:最善か最悪か,最も影響力のあるものか最も重要でないものか,過大評価か過小評価か,最も疑わしいものか,最も迷惑なものか,最も速い解決方法か最も遅い解

---

25 [訳注]「ルーブリック」とは,学習到達度を示す評価基準を,観点と尺度からなる表として示したものである.主として,パフォーマンス課題における学習者のパフォーマンスの質を評価するためのツールとして用いられる.

決方法か，最も簡単な解決方法か最も困難な解決方法か，最も信頼性の高いものか最も信頼性の低いものか．

3. ランク付けしたいものを選択する：キャラクター，歴史上の人物，科学的手順，文，文章，アーティスト，ミュージシャンなど．

4. 正当化が必要：なぜか？（生徒は，この分析にドゥロー・シー（DRAAW＋C）のフォーマットを使用するべきである）

《例》

D ［判断］：ゴルディロックス[26]は，これまでで，最もいかがわしい，最も怪しげなおとぎ話のキャラクターです．

R ［ルール／法］：正直さや合法性が疑わしい人はいかがわしい．

A ［原告側主張］：『ゴルディロックスと3匹のくま[27]』では，ゴルディロックスがクマの家に勝手に侵入して，住居侵入罪を犯しただけでなく，彼女は多くの方法でクマの居住空間を侵害しました．

彼女はすべての椅子に腰を下ろし，しかも小さなクマちゃんの椅子を壊しました．

彼女は許可なしに食べることにした他人のお粥のすべてに自分のばい菌を入れ，しかも，小さなクマちゃんのお粥をすべて食べ尽くしました．

それから彼女は大胆不敵にもクマさんたちのすべてのベッドに入り込みました．そして，例の如く，小さなクマちゃんに固執して，そのベッドで寝ました．

A ［被告側主張］：ゴルディロックスは，以下のように主張するでしょう．「私は森の中で迷子になってしまった空腹な少女にすぎず，森の中で一夜を過ごせる場所と食べ物を求めていただけです．」彼女はこの自分の無邪気さを梃子にして，原告主張の「最も怪しげなおとぎ話のキャラクター」との描写が相応しいのは自分ではなく，『赤ずきん』および『三匹の子ぶた』の両方の作品で大混乱を引き起こした「大きな悪いオオカミ」の方である，と主張するでしょう．

---

26 ［訳注］ゴルディロックスはおとぎ話のキャラクターで，やり過ぎず，やらなさ過ぎず，ちょうどいい程度を象徴するキャラクターである．

27 ［訳注］これは，少女がクマの家に勝手に上がり込んで，自分にちょうどよいものを勝手に食べたり使ったりして逃げるおとぎ話である．

W　［世界］：ゴルディロックスのような人々が，見知らぬ人の家を略奪
　しておきながら，道に迷ったからだとの口実で責任を逃れることがで
　きるならば，迷子の子どもたちは助けを求めるかわりに，他人の家に
　勝手に侵入していいことになり，その家の子どもたちを危険にさらす
　ことを奨励することになるでしょう.
C　［結論］：したがって，ゴルディロックスの恥知らずな行動と，この
　ような危険な行動が，子どもたちの安全を守ることに与える悪影響を
　理由として，ゴルディロックスはこれまでで最も怪しげな，いかがわ
　しいおとぎ話のキャラクターであると結論します.

　次に，科目内容にまたがる例を挙げます.

《算数》

　連立方程式を解くための最良の方法は何ですか？

《国語（ELA）》

　この小説の主人公を，最悪から最高までの間でランク付けし，あ
なたのそのランキングの理由を説明して下さい.

《社会》

　最も影響力のあるアフリカ系アメリカ人の発明家は誰ですか，そ
してその理由は何ですか？

《理科》

　「地球平面説を信じる人たち」に対して，地球が丸いことを納得
させるために使用できる最も強力な議論は何ですか？

第8章

失敗を分析する！

　完璧主義のために麻痺して何もできなくなることは，非常に現実的な問題です．

　私は，全米の学校と協力して，クリティカル・シンキングの程度を測定するために法教育プログラム（thinkLaw）が開発したアンケート調査への生徒たちの回答を集めるよう教師に依頼したことがあります．

　数千人の生徒の回答によれば，「自分の答えが正しいかどうか自信がないとき，クラスのみんなの前でそれを発表するのは嫌だ」との言明に対して，68％が「強く賛成」か「賛成」か「やや賛成」と答えたことがわかりました（**図表8**参照）．

〔図表8〕　法教育プログラムの質問票調査（2017-2018）の集計結果

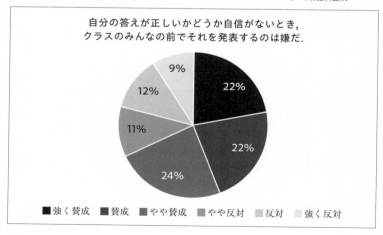

完璧主義が，とりわけ才能ある生徒や成績優秀な生徒の間で蔓延しているため，失敗を恐れる心理は強力な悪影響を持っています．

最近，ある大学の工学部で学生アドバイザーを務めている女性に会いました．彼女の大学は工学系大学の中でも上位75位にランクされているのですが，彼女は意外な秘密を教えてくれました．

大学と密接な関係にある経営者たちの協議会が，彼女とそのチームに対して，「GPA4.0台の就活学生を送ってよこすのはやめてほしい」と明確な要請をしてきたのです．

これら経営者，すなわち雇用主たちは，「成績優秀者は，失敗を前提として成り立っている産業界で，失敗したときの対処能力がない」という苦情を持っていたのです．

その代わりに雇用主が求めていたのは，不完全さを克服でき，葛藤に対処でき，失敗は学びの機会であることを理解できる学生たちだったのです．

失敗こそ，弁護士の仕事の本質的対象です．失敗を理解し，失敗を軽減し，一方の失敗が他方の失敗より軽いと主張することは，弁護士の日々の業務そのものです．

➡ ゴルフ・クラブ事件 ⬅

この事案は，実際の訴訟事件で失敗分析がどのように使えるかを示す具体例です．この事案を考えてみましょう（リュービッツ対ウェルズ事件（Lubitz v. Wells, 1955））．

11歳の男児ジェイムズが自分の家の裏庭で，9歳の女児ジュディスと遊んでいたとき，ジェイムズの父親のウェルズ氏が家の外に放置していたゴルフ・クラブを見つけた．ジェイムズはそのゴルフ・クラブを手に取り，地面に落ちている岩に向かって振った．ジェイムズがゴルフ・クラブを振っ

たとき，ゴルフ・クラブでジュディスの上顎および下顎を叩いてしまい，ジュディスの顎は粉砕した．ジュディスはジェイムズの父親であるウェルズ氏を訴えた．

ここで考察するべき 2 つの質問は次のとおりです．

(1) ここで焦点を当てるべき失敗は何でしょうか？
(2) その失敗について私たちが尋ねるべき最も重要な質問は何でしょうか？

一見したところ，私たちが最も重視するべき失敗は，ジェイムズがジュディスの顎を叩いたことのように思われるかもしれません．というのも，結局のところ，これが最も大きな被害をもたらしたからです．

しかし，ジュディスが訴訟を提起した相手は父親のウェルズ氏であって，息子のジェイムズではありません．

したがって，私たちが分析する上で本当に重視するべき失敗は，ゴルフ・クラブを裏庭に放置しておいた，というウェルズ氏の行為の方です．

分析を先に進めますが，2 番目の質問は難しいものです．もちろん，ウェルズ氏がゴルフ・クラブを家の外に置きっぱなしにした理由を知ることは，いくぶんかは役に立つでしょう．

しかし，ゴルフ・クラブを置きっぱなしにしたときにウェルズ氏が何を考えていたか，いなかったかは，そもそもゴルフ・クラブが庭に放置されていたという事実ほどは重要ではないでしょう．

私たちがジュディスの怪我について考えるとき，それ自体は悲劇的なことではありますが，おそらく怪我を引き起こした物体自体に

ついて考えることから始めるべきでしょう．それはゴルフ・クラブ
であり，銃や，日本の侍が使うような日本刀ではありません．

　では，ゴルフ・クラブと日本刀の違いは何でしょうか？

　日本刀はその設計上危険なものですが，ゴルフ・クラブはそうで
はありません．したがって，ここで尋ねるべき最も重要な質問は「ゴ
ルフ・クラブは本質的に危険な物体か否か？」ということになりま
す．

　または，私たちがジュディス側の弁護士を務めている場合であれ
ば，ジェイムズのような11歳の子どもが手にする場合に，ゴルフ・
クラブが本質的に危険な物体であるといえるかどうか，と問うこと
になるでしょう．

　どちらの場合であれ，本件での失敗に焦点を当てることは，ほと
んどの生徒が慣れている分析とは非常に異なる種類のものです．そ
して，このことこそ，失敗分析が法教育プログラム（thinkLaw）と
して非常に強力であることの理由なのです．

　失敗に焦点を当てることを，クリティカル・シンキング教育の機
会として活用するための法教育プログラム（thinkLaw）が２つあり
ます．それが以下です．

　⑴　どちらの失敗の方が「より正しい失敗」なのか？
　⑵　ジョー・シュモ（Joe Schmo）だったら何をするか？

　　　■▶ どちらの失敗の方がより正しいのでしょうか ◀■
次の方程式を解いてみて下さい．

　　　2X+8=20

この問題は，２段階のステップによって一次方程式を解く，とい
うルーチンの手順を実行できるかどうかを評価するもので，基本的

スキル・ベースの問題です.

　教室で，このような問題に対するより厳密な授業をしたいと思う
なら，以下のような質問をしてみるとよいでしょう.

　コリンはこの問題に挑戦して以下のように解きました. 彼はどこ
で失敗をしてしまったのでしょうか?

$$2X+8=20$$
$$2X=10$$
$$X=5$$

　クリティカル・シンキングのフレームワークであるドゥロー・シー
（DRAAW+C）のフォーマットを適用することで，失敗分析を実践
したいならば，生徒たちに少なくとも2つの失敗解答を見せて，ど
ちらの失敗の方が「より正しいか」を質問してみるとよいでしょう.

　上記の算数問題の例では，教室を2つのグループに分け，それぞ
れを**図表9**のどちらかの失敗解答の擁護者役とし，自分の側の方が
「より正しい」と主張させてみるのです.

〔図表9〕　どちらの方がより正しいですか?

$2X+8=20$	$2X+8=20$
$2X=10$	$2X=12$
$X=5$	$X=10$

　つまり，一方のグループは左側の失敗を擁護する弁護士役，もう
1つのグループは右側の失敗を擁護する弁護士役とするのです.

　この問題を解くための戦略は二重です.

　第1に，各グループに自分の側の失敗について，それが最も軽微
なものとなるような解釈を考え出させます.

次いで，相手グループの側の失敗に対して，それが最も愚かしいものとなるような解釈を考え出させるのです．

　左側の失敗を擁護する生徒は，その失敗解答を見て，「引き算の単純なミスにすぎない」として，以下のような主張をするかもしれません．

　「20引く8は12のはずだけど，10としたのは十分に正解に近い答えです．それに，解答のX=5は正解のX=6から1しか離れていないじゃないですか．しかも，検算作業として逆算を始めるとすれば，まずX=5を2X=10という式に代入するので，これは正しい計算になっています．

　それに対して右側の失敗解答では，最初のステップは正しく計算していますが，この方程式を解くには2つの異なるステップがあることを理解していません．つまり，2Xが掛け算の式であり，これを解くには掛け算の逆演算の割り算の計算が必要であることを理解していないことは明らかです．」

　しかし，右側の失敗解答の擁護グループの方にも，防禦方法がないわけではまったくありません．

　右側の失敗を擁護する生徒は，左側擁護グループの「引き算の単純なミスにすぎない」という主張に以下のように反論することができるでしょう．

　「これは引き算の単純ミスなんかではなくて，問題を解く上での最初のステップから失敗を犯しています．最初のステップですでに大失敗をしでかしている以上，もう救いようがありません！　しかも，これは単なる引き算のミスでさえないのです．引き算のミスどころか，2XのXを無視して2と8を組み合わせて10を引き出し，その2Xをそのまま次のステップの式に持っていくという衝撃的なまで

の失敗を犯しています.」

　右側の失敗を擁護する側の生徒が本当にクリエイティヴなセンスにあふれていたら，右側の計算のすべての行が実際には正しい，と主張するかもしれません.

　「方程式の両辺から8を引くと，2X=12という方程式が正しく導かれます. さらにX=10も正しい式であると主張します（少なくともXがローマ数字のXであると解釈すれば，それは10を表す文字なのですから）.」

　ここでひとまず立ち止まって，以上のような分析をする上で生徒たちはどのような認知能力を用いているか，少し考えてみましょう.

　生徒たちはもはや，「何を」「どうすれば」という解法の問いかけをしてはいません.

　生徒たちは今では，「なぜ？」「もし〜だったら？」の創造性の世界にいるのです.

　生徒たちは，自分の思考プロセスを思考するという「メタ認知」を超えています.

　他者の仮想的な思考パタンを分析し，それらのパタンをお互いに評価し合っているのです.

　ドゥロー・シー（DRAAW＋C）のフォーマットに基づいて失敗分析を適用すると，生徒の応答は次のようになるでしょう.

　　D［判断（Decision）］
　　　左側の失敗解答の方が「より正しい」のです.
　　R［ルール／法（Rule）］
　　　2段階で方程式を解くには，すべての定数と係数に逆演算の計算法[28]を正しく適用し，左辺には変数項だけが残り，右辺には定数項だけが残るようにしなければなりません.

A [原告主張（Argument, P）]

　左側の失敗解答の計算では，最初の段階で引き算の小さなミスをしましたが（20−8=10），その後の段階では，問題を正しく解くことができています（10÷2=5）.

　しかも，左側の計算では，最終的な答えも実際の正解に近いものでした.

A [被告主張（Argument, D）]

　右側の失敗解答の計算では，最初の段階では正しく引き算をすることができました（20−8=12）. 割り算が必要な第2段階で引き算をするという小さな失敗をしました（12÷2=6を12−2=10とした）.

　しかし，両方で演算自体は正しく実行されています.

W [世界（World）]

　仮に，右側の失敗解答の計算の方が左側の失敗解答の計算よりも（テストで）多くの点数を獲得する場合には，私たちは概念的な理解よりも計算の正確さの方が重要視される世界に住んでいることになるでしょう.

　実際には割り算をするべきときに，引き算を正しく計算したかどうかなど，誰が気にするでしょうか？

　たとえば，銀行を経営している場合，割り算するべきときに間違って引き算をして，その引き算自体は正しく計算することよりも，引き算するべきときに，その正しい引き算で計算ミスをする方が，ミスとしてははるかに小さな失敗です.

C [結論（Conclusion）]

　したがって，左側の失敗解答の計算の方が，この問題の解答としてより多くの単位（より高い得点）を得るべきです.

　このように失敗分析を適用することで，生徒の動機付けと主体意識とを励起するドラマや紛争を利用することができるようになります. こうして失敗分析はそのための強力な方法となることがわかります.「数学を勉強しない」生徒でも，まだドラマや紛争の分析ならしようとするものだからです.

　さらに，これは算数の学習の中でも，有意味な作文体験のための

---

28 [訳注] 逆演算法は，方程式の両辺に，足し算には引き算，掛け算には割り算のように逆演算を適用する計算の仕方である.

真の機会を生み出すことができることになります.

　多くの場合，算数の中で作文をすることは，問題を解決する方法を説明することに限定されています．しかし，ドゥロー・シー（DRAAW＋C）のフォーマットを失敗分析に組み込むことで，はるかに思慮深く考えられた，統合され説得力のある作文課題にすることができ，この方法はすべての科目にわたって転用可能なものとなるのです.

■▶ ジョー・シュモだったら，何をするか？ ◀■

　クリティカル・シンキングを取り入れつつ，失敗に対する態度や心構えを変えさせるもう１つの方法は，教室で私が創作した架空の人物であるジョー・シュモに焦点を当てることです.

　ジョー・シュモはいつも変な答えを出します．ジョー・シュモは取扱い説明書を注意深く読みません．ジョー・シュモは問題を解くためのすべての段階を完了しません．私たちは皆ジョー・シュモのような学友を知っており，そして私はそれを証明することができます.

　買い物に来て20ドル［約2,700円］のＴシャツを見ていて，今日は10％オフで販売されていることに気付いたとします．このＴシャツの価格は最終的にいくらになるのでしょう？

　最終価格を解くかわりに，テレビ番組「家庭内紛争（Family Feud)[29]」をプレイしていて，100人のジョー・シュモに調査をして，20ドルの10％オフで販売されているＴシャツの最終価格を調査したとします．最も多くの人に支持されたジョー・シュモの答えは何だったの

---

29 ［訳注］米国の視聴者参加型クイズ番組で，２組の家族が問題に答え，それが正解かどうかではなく，視聴者により多くの支持を得た答えを出したほうが勝利するという番組のことである.

でしょうか？

　あなたが内なるジョー・シュモと正しくチャネリングしていると
すれば，10ドルが答えになるでしょう．ジョー・シュモは20ドルの
値札価格を見て，10％値引きを見ますが％記号を無視し，20ドルか
ら10ドルを差し引いたのです．

　他方，もしこれが多肢選択式の賭けであったなら，10ドルが解答
になることに十分に大きな額を賭けるでしょう．

　さらに一歩分析を進めて考えましょう．質問に対する他の２つの
ジョー・シュモの答えで，TVショー「家庭内紛争」の正解選択肢
リストに載る可能性があるものは何でしょうか？

　シャツの価格は20ドル［約2,700円］で，10％オフで販売されてい
ます．ジョー・シュモは答えとして，きっと２ドルを選ぶこともで
きるでしょう．ジョー・シュモは，パーセントの問題について何か
は知っているかもしれません．彼は20ドルに0.10を掛けて，２ドル
が答えであるとしたのです．答えの選択肢を見ると，そこにはもち
ろん，２ドルが載っています．だから，これで彼の解答はおしまい！

　彼は他の失敗を犯すかもしれません．ジョー・シュモは20ドルか
ら10％を取りさらなければならないと気づきます．そこで，10％を
0.1と書き直し，それを20ドルから差し引いて，19.90ドルを自分の
答えとして出すのです．

　標準化された試験はいつまでもなくならないからといって，教師
はこれをクラスの生徒たちからやる気を奪う詰め込み試験として扱
う必要はありません．[30]

　厳格なテストの受験に向けて生徒に準備させつつ，同時に，厳密

---

30 ［訳注］同じような問題を何度も繰り返して解く詰め込み演習（drill-and-kill
　　exercize）を指す．このために生徒の想像力も創造力も，死んでしまう．

に整備されて魅力的なクリティカル・シンキングに生徒を取り組ませることもできます.

　ジョー・シュモ戦略を活用すれば, 質問に対する独自の多肢選択式の解答を生徒たちに創作させることができると気づいて下さい.

　ジョー・シュモはここで非常に役立ちます.

　先の例のように, 生徒に自分で多肢選択式の回答選択肢を創作するように言うと, 非常にばかげた回答選択肢を作ってしまうこともたびたびです.

　生徒は18ドルという正解を選択肢にするでしょう. しかし, その他の3つの選択肢として, 4,000万ドル[約54億円], マイナス75万ドル[約マイナス1億円], および「虹」を創作したりします.

　こんなことにならないようにするには,「ジョー・シュモがもっともらしいと思う範囲内での解答選択肢をつくるように」と言えばいいのです. 失敗選択肢の範囲をこのように絞ることで, 教師は生徒に合理的な予測と推論をさせるようにできます.

　こうして教師は, 生徒が他人の立場に立って考える習慣を身につけるようになる手助けができます. つまり, 立場の違いや失敗に対して生徒がより共感できるようになる機会を生み出すことができます.

　教育現場的には, この方法によって, テストの時期が来ることを生徒が本当に待ち望んでいる世界を創作しているのです.

　標準試験を逆手に取るクリティカル・シンキング教育の方法については, 後に第15章でより詳しく説明します.

■■ 失敗分析の例 ◀◀

● どちらの失敗の方がより正しいか?
「どちらの失敗の方がより正しいですか?」という問いかけをす

ることで，2つ以上の失敗解答の相対的な「正しさ」を生徒が評価できるようにします．この柔軟な方法によって，クリティカル・シンキングを問題解決作業の中に組み込むことができます．

《算数》

同一の問題に，2つの異なる失敗解答例を作成します．その際の一般的なコツは，計算間違いに基づく失敗解答と，概念的な誤解に基づく失敗解答を作成することです．

問題を設定したら，クラスを2つのサイドに分けて，それぞれのサイドが失敗解答のどちらかを「代理」することにします．クラスのサイド分けの応用例としては，クラスの中の才能があり，より高い成績を収めている生徒たちを一方のサイドとして，そのサイドには防御する上でより困難で挑戦的な失敗解答の方を割り当てる方法もあります．

また，別のサイド分けの方法として，生徒の能力に応じて説明の詳細さにレヴェルの差を設ける方法もあります．これによって，失敗解答につながる間違った手順は何かを，生徒に予測させることで，生徒たちの分析の厳密さを高めることができます．

生徒に自分の答えの説明をするように言うときは，自分の側の失敗に対する最も無害な解釈だけでなく，相手側の失敗に対する最もひどい解釈も見つけるように言うとよいでしょう．

以下は，2つの可能な失敗解答がある問題の例です．**図表10**には，それぞれのサイドからの説明と正当化が記入されています．

スーラは8個のリンゴを持っていた．
スーラのお母さんは48個のリンゴを持ってリンゴ園から戻ってきて，その全部をスーラに渡した．
スーラは今何個のリンゴを持っているでしょうか？

Aさんの答え：スーラは128個のリンゴを持っている.

Bさんの答え：スーラは40個のリンゴを持っている.

これらの答えは両方とも間違っている. どちらの方が相対的により正しいか？ 説明しなさい.

〔図表10〕 詳細な具体例：どちらの失敗解答の方がより正しいですか？

	Aさん	Bさん
より簡略	スーラは128個のリンゴを持っている.	スーラは40個のリンゴを持っている.
より詳細	$$\begin{array}{r} 48 \\ +\ 8 \\ \hline 128 \end{array}$$	$$\begin{array}{r} 48 \\ -\ 8 \\ \hline 40 \end{array}$$
失敗の説明	Aさんは, 正しい演算を実行した. しかし, 正しい位置に正しい数値を揃えて置いていなかった. Aさんの最終的な答えは, 正解からより離れている.	Bさんは, 正しい演算の操作を実行しなかった. Bさんは, 正しい場所の値8を認識して, 正確に計算した.
あなたのサイドの方がより正しいのはなぜですか？	Aさんは, お母さんがリンゴをあげたのだから, スーラはもっと多くのリンゴを持っているはずであることを認識している. スーラがどういうわけか, 初めよりもリンゴが少なくなっているというBさんの結論の方が, 論理的にはるかに間違っている.	Bさんは, 問題を読むときに小さな失敗をした. Bさんは, スーラが初め8個のリンゴを持っていて, 最終的に48個持つようになったという問題だと考えたようだ (つまり, スーラが何個のリンゴを新たに獲得したのか？). Bさんは問題を間違って読んだが, 答えは完全に正しく計算している. 他方, Aさんの方は, 単純な足し算の基本的な理解が欠落している. Aさんは, 指を折って数えるだけで, より正確な答えを出すことができたはずである.

《国語（ELA）》

算数の例と同様の手法を使用しますが，国語では，文法，文章構成，主語と動詞の対応などから2つの失敗解答を作成します．

《理科》

信頼性の低いデータにつながる可能性のある，バイアスのかかった手順ないし欠陥のある手順で実施された2つの実験を分析させて，どちらの実験結果の方がより正しいか，を生徒に分析させます．

《社会》

生徒には，事実を誇張し，自説に都合の良い事実だけ選び取っている点で同様の2つのプロパガンダを分析させます．生徒には，「自分の側の方が相手側のプロパガンダよりもより正確である」と論じさせるのです．

どのような事例であれ，教育実践上のキー・ポイントは，先にグループ分けをしてサイドを決めておくことです．そして，例題で提供する内容の詳細さのレヴェルを慎重に選んでおくことで，グループ間を操作することです．

第 9 章

調査と情報収集の仕方とは？

　一般の人が考える法廷弁護士の仕事は，実際のそれとは異なります．

　刑事専門弁護士と民事専門弁護士のいずれについてもいえることですが，テレビや映画で見る弁護士はいつも，裁判所の法廷で弁論し，証言台の証人を尋問し，印象に残るような冒頭陳述と最終弁論を行っているように描かれています．

　しかし実際には，刑事事件や民事事件での法廷弁護士の仕事の圧倒的な大部分は，事実の調査や証拠の収集に費やされています．

　教師として，クリティカル・シンキングのスキルやマインドセットを生徒に身に付けさせる方法を考えるとき，生徒がそれらを自らの内に自分で育てるようにしなければなりません．生徒に対して良い質問をすることだけでは十分ではありません．

　私たち教師は，生徒らが自分自身で良い質問を見つけて問いかけることができるようにしなければなりません．

　生徒たちには，調査をしようという本能を培い，頭の中に健全な声を響かせながら，次のような問いかけをするようになってほしいのです．

　　　何から始めたらいいのか？
　　　すでに分かっていることは何か？
　　　次に何をするべきか？
　　　それが正しいと分かるのはなぜか？

なぜ私はあなたを信じなければならないのか？

実際に起きていることは何なのか？

他に何をさらに知るべきなのか？

　以上の思考プロセスを，よく知られている裁判例「リーベック対マクドナルド社事件（Liebeck v. McDonald's Restaurants, 1994）」を使ってモデル化してみましょう．

■▶ 手に負えないほど熱いコーヒー ◀■

　クリスは，79歳のステラお祖母さんを連れて，コーヒーを飲みにマクドナルドに行きました．クリスが自動車を運転して行きました．

　コーヒー代として49セント［約140円[31]］を支払い，クリスはドライブ・スルーから車を出して道路脇に駐車しました（車を完全に停止させました）．それは，ステラお祖母さんがコーヒーにクリームと砂糖を入れるためでした．

　ステラお祖母さんがコーヒー・カップの蓋を取ろうとしたところ，コーヒーが膝の上にこぼれてビショビショになり，彼女は第三度熱傷の重傷を負ってしまいました．

　そこで，ステラお祖母さんはマクドナルド社を裁判所に訴えました．

　この事例の分析を始める前に，時間を少し取って，事実関係をもうちょっと確認しておきましょう．

　ステラお祖母さんが膝の上にコーヒーをこぼした瞬間に戻って，それからの30分間に何が起きたかの詳しい事実関係を見てみましょう．

　ステラお祖母さんはおそらく病院へ行き，医者に診てもらったこ

31　［訳注］米国労働統計局の消費者物価指数インフレーション計算サーヴィスによれば，1994年の1ドルは2023年の約2.1ドルに相当する．2023年の1ドルは135円とした．

とでしょう．しかし，コーヒーをこぼしたその直後はどうだったの
でしょうか？　その場面を思い浮かべてみましょう．

　クリスとステラお祖母さんは，コーヒーを買うためにドライブ・
スルーを通過します．クリスは，ステラお祖母さんがコーヒーにク
リームと砂糖を入れることができるように車を道の脇に停めます．
ステラお祖母さんはコーヒーをこぼします．

　そのときステラお祖母さんがとった行動はどのようなものだった
のでしょうか？

　ステラお祖母さんは悲鳴を上げただろうと思ったなら，それはお
そらく考え方の正しい筋道に乗っているといえます．第三度熱傷は
通常，骨が見えるほどひどい火傷だからです．

　では，車の中で熱湯のコーヒーでびしょびしょになりながら，ス
テラお祖母さんはただ悲鳴を上げただけだったのでしょうか？　いや，
彼女はおそらく車から降りて，かかったコーヒーを必死で振り払お
うとしていたでしょう．

　その間，彼女の周りでは何が起きていたのでしょうか？

　彼女たちが駐車場にいたことは分かっていますから，周りには他
の人がいたでしょう．もしこれが現在起きたことでしたら，間違い
なく誰かがスマートフォンを取り出して，「おお，この動画ならバ
ズれるぞ！」と思ってステラお祖母さんの様子を撮影してSNSに
投稿していたはずです．

　しかし，スマートフォンのまだない1990年代初頭では，おそらく
周囲にいた人たちはもっと素早くステラお祖母さんを助けようとし
たはずです．

　そのことが，この事件の事実関係にどのような意味を持つのでしょ
うか？

　コーヒーを拭き取るためのナプキンを差し出す人が出て来たかも

しれません．あるいは，誰かが店内に駆け込んで，マクドナルドの店長に伝え，何らかの応急処置のキットを受け取ろうとしたかもしれません．望むらくは，誰かが911の救急番号に電話して，救急車を呼んだかもしれません．

　当時，救急車を呼ぶ電話はどうやってかけたのでしょうか？1990年代初頭なら，誰かが旧式の巨大な携帯電話機とか，信頼性が低く雑音の多かった自動車電話とかを持っていたかもしれません．

　しかし，一番ありそうなことは，マクドナルドの店内の固定電話から911の救急番号に通報がなされた場合でしょう．

　では，クリスはそこでじっと救急車が来るのを待っていたのでしょうか？　場合によるでしょう．病院がどのくらい遠いかどうかにもよるでしょう．しかし，クリスがステラお祖母さんを病院まで車で搬送したと仮定すると，その後はどうなるのでしょうか？

　病院では，この79歳の老女に大量の書類を渡してから，「お座りください．3時間後にお呼びします」などと言ったでしょうか？

　おそらく，そんなことはしないでしょう．おそらく，医者が診察する前に，誰かがステラお祖母さんの火傷の応急手当てをしたでしょう．

　一度立ち止まって事実の流れをじっくり考えてみることは，強力な思考の武器です．

　次の30分間に何が起こったのかをブレイン・ストーミングする際に，採用される認知スキルについて考えてみて下さい．そのとき，私たちは多くの予測と推論を行っています．複雑で詳細で起こり得たものごとの時系列を再構築するために，私たちは自分の背景的知識を適用しています．

　これは，事件を最初に持ち込まれたときに弁護士が行うブレイン・ストーミングと同じ作業です．弁護士たちが知っているのは，起こっ

たことについての依頼人の見方や，警察の報告書の情報からの小さな断片的事実の姿です．

　一時立ち止まって考えたり，ブレイン・ストーミングをしたりすると，生徒がテキストを読んで頭の中で「その洞窟の中には行ってはいけないよ．その洞窟の中ではろくなことは起きないよ．」と言うことができるクリティカル・シンキングのマインドセットを構築するのに役立ちます．そして，数ページ後，生徒は「ほらごらん！だから，あの洞窟には行っちゃいけないって言っただろ」と言うでしょう．

　心の一時停止ボタンを押してあれこれ考えてみたので，私たちはマクドナルドの事案を調査検討する上で，はるかに良い立場になりました．

　民事訴訟では，トライアル（事実審理）前の証拠開示手続（ディスカヴァリ[32]）の期間に，原告側・被告側が証人のリストを作成して交換し，一連の証拠を要求しあい，最初の一連の質問を「質問書」として相手方に尋ねる機会が与えられます．証人は目撃証人に限定されません．

　事実，本件のような場合，実際に何が起こったのかについてはあまり疑いがないので（ステラお祖母さんが自分でコーヒーをこぼし，コーヒーが火傷を負わせた），多数の目撃証人のリストはおそらく必要ないでしょう．

---

32 ［訳注］証拠開示手続（ディスカヴァリ）は米国の民事訴訟に特有の手続で，当事者が相手方および第三者から証拠を入手することができる手続である．正式事実審理（トライアル（trial））の前に，裁判所の関与なく，訴訟当事者（その訴訟代理人の弁護士）同士で，証拠や事実に関する情報を交換し，相手方や第三者が保持している証拠方法を強制的に収集するための手続である．証拠が一方当事者に偏っていて，他方当事者が訴訟上不利な立場になる場合に，その状況を是正し当事者間の武器平等を確保することで，手続的正義と真実発見とを実現するために設計された手続である．日本の民事訴訟には存在しない．

その代わりに，マクドナルド社がその無分別な営業実務，営業方針，および営業手順によって，ステラお祖母(ばあ)さんに極度の精神的損害（痛みと苦しみ）を与えた，とステラお祖母(ばあ)さん側が主張・立証するのに役立つような証人を探そうとするでしょう．

　他方，マクドナルド社側は，自社が内部で行ったことには何らの問題もなかったこと，そして責任を負うべき誰かがいるとすれば，それはステラ自身であることを示すような証人を探すでしょう．

　証人をリストアップするときには，(1)その証人の証言が事件にどのような影響を与えるか，そして(2)その証人にはどのようなバイアス（偏見）があるか，ということを考える必要があります．

　一部の証人は他の証人よりもバイアス（偏見）が少ないかもしれませんが，証人はすべて誰でもある種のバイアスを持っています．証人の選択を検討するにあたっては，最も明らかな証人から始めるべきです．

　明らかに，ステラ本人，クリス，ステラを治療した医師，マクドナルドの店舗内にいた従業員，および駐車場やレストランで事件を目撃した可能性のあるその他の顧客たちが証人になるでしょう．

　もっと深く掘り下げてみましょう．

　もしあなたがステラお祖母(ばあ)さんだったら，マクドナルド社のここでの行為が無謀だったことを証明するために，どのような証人を呼びたいと思うでしょうか？　マクドナルド社の営業実務が無謀なものであったことを証明するには，コーヒーが熱すぎたということと，マクドナルド社が行っていたことが安全ではなかったこと，の2つを示す必要があります．

　そこにたどり着くためには，私たちはコーヒーの温度についての専門家証人と話をすることが考えられます．しかし，専門家の話は

技術的すぎる可能性があり，専門家証人が何を話しているのか陪審員が理解できない可能性があります．

　私たちを助けることができる，もっと陪審員が理解できる人はいるでしょうか？　コーヒー・メーカー本体を作っている会社の人はどうでしょうか？　コーヒー・メーカーの適切な使用方法と保守方法を理解し，そのための適切な手順を，マクドナルド社が実際に使用した手順と比較することは非常に役立つでしょう．

　同じことが，コーヒー・カップと蓋を作った人にも当てはまります．

　他方，コーヒーを淹れて提供した，最低賃金しかもらっていない従業員の話を聞いても，マクドナルド社がマネージャーを訓練しているハンバーガー大学のコーヒー製造コースで教えている人の話を聞くことほどは役に立たないでしょう．

　火傷の程度を示すために，私たちはステラお祖母さんの火傷を治療した医師の話を聞くべきであることは確かです．

　しかし，この火傷の前の彼女の状態を理解するために，ステラお祖母さんのかかりつけ医の話を聞くことはもっと強力かもしれません．たとえば，この事件の前にステラお祖母さんはマラソンを走るほど元気で健康だったかどうかを知りたいのです．

　また，コーヒーをこぼした原因を解明するためには，ステラお祖母さんの手に関節炎があったのかどうか，パーキンソン病などの別の病気の状態にあったのかどうか，なども知りたいでしょう．

　もっとクリエイティブ（創造的）になる必要があるかもしれません．

　他のマクドナルドのコーヒーの顧客の話を聞くべきでしょう．とりわけ，ステラお祖母さんと同じ年齢層の顧客の話を聞く必要があります．「マクドナルド社がシニア割引を提供することを止めたい

と考えているとしたらどうなるか？」など，いくつかの「邪悪なマクドナルド理論」を試してみたいと思うでしょう．

　マクドナルドにとどまらず，バーガーキング，ウェンディーズ，スターバックス，さらには地元のレストランの代表者と話をして，コーヒーをどれだけ熱くして提供しているかを調べる必要があるかもしれません．

　これらの証人について考えを巡らすことで，私たちは収集する必要のある証拠にたどり着くことがより良くできるようになります．

　私たちは，ステラお祖母さんの火傷，クリスの車のコーヒーのこぼれたシミのパタン，そしてステラお祖母さんがその日に着ていたものの写真をさえ見ておく必要があるでしょう．

　ステラお祖母さんは，他の生地よりも，こぼれたコーヒーを吸収しやすい生地の服を着ていたのかどうか？　ステラお祖母さんはミニスカートを着ていたのかどうか？　車は完全に停止していたとしても，突然動いてしまう可能性を生じさせるような問題点が助手席になかったかどうか，などなどを詳しく分析しておくべきです．

　おそらく，マクドナルドのコーヒーで火傷を負った他の人々のリストをマクドナルド社に法廷へ提出させ，マクドナルド社がこれらのケースをどのように解決したかを明らかにしたいと思うでしょう．

　マクドナルド社側を代理している弁護士だったら，他の競合他社から同様の情報を収集したいと思うでしょう．また，ステラお祖母さんの主張の信憑性を疑わせる可能性のある人格上の問題が彼女にないかどうかも知りたいでしょう．

　ステラお祖母さんが毎月のように新たに根拠の乏しい訴訟を起こしていることが分かったら，その情報は私たちマクドナルド社側がステラお祖母さんにマイナスのイメージを塗るのに役立つでしょう．

証人と物的証拠のリストが出来上がったら，多くの質問をするのがずっと容易になります．

　この事件の事実関係を読んだときから，みなさんの頭の中にもたくさんの質問が浮かんで来ているだろうと思います．

　コーヒーはどのくらい熱かったのか？　このようなひどい火傷になったのは，ステラお祖母さんの皮膚に何か異常があったからではなかろうか？

　すべての証人の一人ひとりについて，また見つけた証拠のすべてについても，さらに5〜7個の質問を追加することができるでしょう．

　図表11は，証人，証拠，および質問についての情報を記録するためのテンプレートです．

〔図表11〕　記入前の穴埋め調査票

証人	証拠	質問

　ここからが，面白くなります．

　一方当事者の訴訟代理人である弁護士が，証拠開示請求としてこれらの質問書を作成し，それを相手方に送付しても，質問に対する的確な回答が得られることはほとんどありません．

　その代わり，相手方は，文書，物的証拠，証人尋問などへの要求には最小限の情報を提供するだけであり，そのためにさらに多くの質問をしなければならなくなるのです．

　ここの「手に負えないほど熱いコーヒー」の例では，証拠開示手続のこの一般的な実務慣行をモデル化して，この段階で私が明らか

にする情報の量は限定されたものとなっています．すなわち，この時点で，私が明らかにする情報は以下だけです．

　　　ステラお祖母さんに提供されたコーヒーは，華氏180度から190度[82℃から88℃]の温度でした．これだけの高温では，コーヒーが皮膚に触れてから数秒で第三度熱傷を引き起こす可能性があります．
　　　マクドナルド社のコーヒーは，他社のレストランのコーヒーよりも華氏で約20度[約11℃]熱く，家庭で作るコーヒーよりも華氏で30度[約17℃]も熱いものでした．
　　　マクドナルド社には，ステラお祖母さんの事故の前の10年間で，コーヒーの温度に関する苦情が約700件ありました．
　　　しかも，これら700件の苦情は，コーヒーがこぼれて第三度熱傷を負った顧客からのものでした．
　　　ステラお祖母さんは，このコーヒーの熱で，内股や性器など全身の16％に及ぶ範囲に第三度熱傷を負いました．
　　　ステラお祖母さんはこの火傷で8日間入院し，皮膚移植（体の一部から皮膚を採取して別の部位に移植すること）をしなくてはならなくなりました．そして，回復までに2年間かかりましたが，傷跡が一生残りました．
　　　その間にステラお祖母さんの体重は20ポンド[約9kg]以上減って，83ポンド[約37.6kg]になってしまいました．

　コーヒーの温度に関する最初の2つの事実を知って，あなたはさらにどのような質問を考えつきますか？
　まず「なぜ？」という疑問が浮かぶかもしれません．すぐにひどい火傷をしてしまうような高温のコーヒーをマクドナルドが淹れるのはいったいなぜでしょうか？　マクドナルドのコーヒーが他の店のコーヒーよりも大幅に熱いのはなぜでしょうか？
　逆に，私たちがマクドナルド社側の代理人だったら，マクドナルドのコーヒーがこれほど熱いのには，何か正当な理由があるのではないだろうかと考えるでしょう．もしかしたら，これには，顧客サーヴィスに関連した正当な理由があるのかもしれません．

この事件が起きたのが北方のシカゴ市の2月だったとしたらどうでしょうか？　その場合なら，マクドナルド社がドライブ・スルーで提供するコーヒーを通常より熱くしたのが，従業員がコーヒーを渡すために窓から腕を出した瞬間に，コーヒーがすぐに非常に冷たい空気にさらされるからだと納得がいくでしょう．

　過去10年間に700人が第三度熱傷で同様の苦情を申し立てていることを思い出せば，おそらく別の疑問も湧くでしょう．これらの苦情に対してマクドナルド社がどういう対応をしたのか，もし何か対応していたのなら，それを知りたいと思うでしょう．
　これらの苦情が地理的にどのように分布していたかを知りたいでしょう．これらの火傷はすべて1つのマクドナルドの店からなのか，限られた範囲の店からなのか，それとも全国のマクドナルドの店からなのでしょうか？
　また，これらの火傷の苦情の時系列的な分布も調査したいでしょう．それ以前の8年間はほとんど苦情がなかったのに，この2年間で苦情が急増していたとしたら，それは注目に値するでしょう．

　最後に，しかしもちろん重要さの点で最後ということではなく，その700件の母数はどうなのでしょうか？　700件という数字は大きいと思われるかもしれません．しかし，もしもマクドナルド社が，その10年間に700兆杯のコーヒーを提供していたとしたらどうでしょうか？

　ステラお祖母さんの上記の火傷の程度を知った上では，どのような疑問が湧くでしょうか？
　8日間の入院と2年間の療養，皮膚移植，および全身の16%を覆う第三度熱傷は，コーヒーをこぼして負った火傷としてはおよそ想

像もつかないほどひどいものでしょう．

　まずは，この事件のどのような具体的経過によって，ステラお祖母さんの火傷がこれほどまでに深刻なものになったのかを考えてみることから始めてみてはどうでしょう．第三度熱傷を負った他の700人の人たちも，これほどひどい火傷を負ったのでしょうか？

　これらの事実を初めて知ったときに，私が自分に問いかけたのと同じ質問を読者のみなさんもしたいだろうと思います．

　最初，私はステラお祖母さんの訴訟提起を，取るに足らない言いがかり訴訟だと即座に決めつけてしまったのはなぜだったのでしょうか？

　私は自分がステラお祖母さんの訴えを取るに足らない言いがかり訴訟だと直感的に考えたことを恥ずかしく思いますし，たぶん読者の皆さんも同様でしょう．

　このように，当初の直感的な反応と，事実を明らかにしていった後の反応との違いを振り返ることで，クリティカル・シンキングのマインドセットとして重要な，健全な懐疑心をさらに育むことができます．

　今や，私たちは証拠開示手続の最後の段階にいます．この事件に関するまったく新しい一連の事実関係が明らかになろうとしているのです．

　証拠開示手続の最後の段階を終えて，明らかになったことは次のとおりです．

　　　マクドナルド社は毎年何百万杯ものコーヒーを販売しており，10年間で700件の苦情が来たことをそれほど重大な苦情数だとは見なしていませんでした．
　　　マクドナルドのコーヒーが非常に熱いことの1つの理由は，非常に高い温度で淹れれば，従業員が使用する豆の量を減らしても同じ強さのコー

ヒーを淹れることができることを知ったからです.

　ステラお祖母さんは当初，医療費を賄うために2万ドル［約567万円］を要求しました．すでに数十億ドル［数千億円］の起業価値があるグローバル企業であるマクドナルド社は，しかし彼女にわずか800ドル［約23万円］の申し出しかしませんでした.

　現実の裁判では，陪審員たちは審理の終わりにはマクドナルド社の行為に対して非常に憤慨し，ステラお祖母さんに火傷の損害賠償として20万ドル［約5670万円］の賠償額を認めました．裁判官はステラお祖母さんもその負傷に対して20％の責任があると判断し，4万ドル［約1130万円］ほどを減額しました.

　陪審員はまた，懲罰的賠償としてステラお祖母さんに270万ドル［約7億6500万円］を与えましたが，これは，消費者の安全よりも利潤の方を優先する可能性のあるマクドナルド社やその他のレストランが将来の違法行為を犯すことを予防するためのものでした.

　裁判長は後にステラお祖母さんへの損害賠償の総額を64万ドル［約1億8000万円］に減額しました.

　ところが，その時までに，業界側のロビイストたち[33]はこの事件を嘲笑に値する珍裁判と色付けすることに成功して，世論に影響を与えていました.

　一般大衆は無条件反射的な直感的反応を超えて深くものの真相を見ようとしないため，この訴訟を契機として大衆の支持を得て米国民事訴訟制度は改革されましたが，その改革は，人々が正当な訴訟をすることがはるかに困難になってしまうという業界側有利なものだったのです.

33　［訳注］ロビイストは，国会議員や政党に働きかけて，依頼された利益団体の利益のためになる立法や政策決定を実現するよう政治的活動（ロビイング）をする者のことで，米国の場合，上下両院事務局に登録しなければならず，一定の倫理規範に服する.

「調査と情報収集」という法教育プログラム（thinkLaw）の戦略は，教育戦略として多大なる意味を持っています．

このプロセスを上記で私が行ったのと同じように，これらの事実をゆっくりと少しずつ明らかにしてゆくのではなく，私が皆さんに明らかにしないことにした場合を想像してみてください．その場合，読者であるあなたは期待を膨らませて，次に何が来るのか聞きたかったのに聞けないので，おそらくひどくがっかりするでしょう．

あるいは，代わりに私は，マクドナルドの熱すぎるコーヒーの訴訟事件の全体像についてのたった3段落からなる文章をみなさんに読んでもらい，その上で，5つの質問に答えてもらうこともできたでしょう．

しかし，ここで私はわざとみなさんの好奇心を掻き立てたのです．

この戦略は，テレビのチャンネルを次々と変えながら視聴するときの快感をモデル化したものです．放送中の多くの探偵番組の1つの番組の最初の2分をたまたま見るかもしれません．そこでは，ジョギングをしていた人が茂みの中で死体を見つけた瞬間，あなたは好奇心を掻き立てられて，人生の次の58分にさよならと手を振って，そのチャネルを見続けることにするでしょう．

■➡ 調査と情報収集の例 ⬅■

以上，説明してきたこの戦略を授業に取り入れるための実践的なアイデアをご紹介しましょう．

《国語（ELA）》

生徒たちが読書をしているとき，「一時停止」をして，次に起こりそうなことについて生徒に予測や推論をさせます．

この方法は，（生徒に読ませている作品の）作者が伏線を張っている場合に特に効果的です．詩の最後の行や本の最後のページから生

徒に読み始めさせることで，結末から作品の始まりや中盤を予測するという逆算法（逆推論法）をさせる戦略です．

　生徒たちが絵本を読む前，または生徒に皆の前で音読させる前に，挿絵のある本の絵からだけで，どんな物語なのか創造性を発揮して作文をさせたり，物語らせたりするとよいでしょう．

《算数》

　関数，素数，平方根など，パタンや傾向によって理解できるような算数用語については，情報収集の手法（当たりをつけて証拠を探してゆく証拠収集・証拠開示のやり方）を使って生徒に定義を予測させるようにするとよいでしょう．

　たとえば，次のような一連の表を作り（表をひとつずつ順に生徒に見せてゆく），逐次見せながらそれに対応する質問をするのです．

3	5	7
素数	素数	素数

質問：素数の定義とは何でしょうか？（ここまででは，素数は奇数であると生徒は考えるでしょう）

（次に示す表）

9	11	13	15
合成数	素数	素数	合成数

質問：素数の定義とは何でしょうか？　合成数の定義とは何でしょうか？　（ここで生徒たちは，9と15は1と自分自身以外の因数（約数）を持つが，11と13は1と自分自身以外の因数（約数）を持たないことに気がつくでしょう．）

（さらに次に示す表）

4	6	8	10	12	14	17
合成数	合成数	合成数	合成数	合成数	合成数	素数

質問：では，素数の定義はなんでしょう？　合成数の定義とは何でしょうか？　あなたは何かさっきまでの定義から変えましたか？　変えた理由，変えなかった理由はなんですか？　（生徒たちはおそらく，前と同じ定義を維持するでしょうが，偶数は常に合成数であることの詳しい説明を加えるかもしれません）．

0	1	2
素数でも合成数でもない	素数でも合成数でもない	素数

質問：ここまでを見た上で，さて，素数の定義は何でしょう？また，合成数の定義はなんでしょうか？　また，0と1が素数でも合成数でもないのはなぜでしょうか？　あなたは，定義を変更しましたか？　定義を変更した理由，ないし，しなかった理由は何ですか？　（この例によって，「0と2も偶数であるが，どちらも合成数ではない」という，生徒たちが最初に抱いていた仮説を疑うようになるでしょう．また，0と1が素数でも合成数でもないのはなぜかを考え出さなければならなくなります．）

　このプロセスを通して，生徒が自分の仮説を検証し続け，「アッ，そうか！」（アハ体験，ユーリカ体験）という気付きを体験することによって，素数と合成数の定義ははるかに「より堅固」な記憶と理解になるのです．

《社会科》

　戦争について学ばせる場合，不完全な年表を使い，戦争に至るまでに起こった紛争を予測させるとよいでしょう．歴史は，必ずしも完全な情報を持っていない当事者間での交渉に満ち満ちています．

　たとえば，米国がフランスからルイジアナを購入する際，この領土を驚くほど安い値段で売るというフランスの意思決定について考えてみましょう．この出来事を使って，フランスがなぜそのような取引に応じたのか，生徒に調査させてみるとよいでしょう．

　生徒には，話を聞いてみたい証人や，分析してみたい重要な文書，質問してみたい重要な疑問を特定させましょう．

　それから，先のホット・コーヒー事件の場合と同様に，フランスの植民地だったハイチが独立したハイチ革命など，フランスが米国とのこの取引に合意するに至った要因を徐々に明らかにしてゆくとよいでしょう．

《理科》

　化学反応，植物の成長，地球の温暖化など，どんな現象であれ，生徒に選ばせて分析させ，何がその現象を引き起こしているのかを予測させることで，当該問題を学ぶきっかけとするとよいでしょう．

　火成岩，変成岩，堆積岩のそれぞれの定義を暗記して分類させるのではなく，生徒には，さまざまな種類の岩石を分析させ，自分自身のグループ分けをさせるとよいでしょう．

　結晶，表面のガラス質，リボンやストライプ状の層，気体の泡，砂や小石など，岩石に関する重要な特徴を探すように指示するとよいでしょう．

　岩石をカテゴリー別に分類し始めることで，生徒たちは上記3種類の岩石のそれぞれの属性を理解するようになります．

第 10 章

和解と交渉の仕方とは？

　あなたが前回若い人に，「あなたは弁護士になるべきだ」と言ったときのことを考えてみてください（そのようなことがあったとすれば）．

　あなたがそう言ったのはなぜだったのでしょうか？

　多くの場合，私たちは議論するのが大好きで，おしゃべりをやめない子どもたちを見ると，「大人になったら弁護士になるのが似合っている」と言います．これ以上の間違いを私たちは犯そうとしてもできないぐらいです．

　民事事件であれ刑事事件であれ，圧倒的多数の訴訟事件は決して裁判にかけられることはありません．そのほとんどは和解で終結します．

　ですから，君は法科大学院へ行くといいよ，と私たちがプッシュするべき生徒とは，常に他の生徒間の紛争の渦中で調停するような生徒です．

　あなたは教師として，そのような生徒を知っているはずです．自分とは何の関係もないドラマの交渉責任者として，いつも自分から仲介役を買って出る生徒や，紛争の時に誰もが頼りにする自然な仲介者となる生徒のことです．

　このような和解への本能は，感情的になることなく意見をぶつけ合う方法を学ぶことの本質にたどり着きます．紛争当事者間に共通点を見つけることができるようなスキルを「ソフト・スキル」と呼ぶことがよくありますが，これらは教えるのが最も難しいスキルで

す.

　以下では，和解交渉の法教育プログラム（thinkLaw）を，クリティカル・シンキングの実践的なフレームワークにどのように変換したらよいか，を説明するのに役立つ実際の訴訟の例です.

➡ 吠える犬訴訟 ⬅

　オレゴン州に住む夫婦カレンとジョンは，数匹の犬を飼っています（Green, 2017）．夫婦はまた自分の家で鶏やその他の動物を飼育しています．夫婦の犬はチベタン・マスティフ［中国チベット高原原産の超大型犬］で，体重は150ポンド［約68kg］以上あります．この犬は非常に騒々しく，毎朝午前5時頃に吠え始め，一日中ずっと吠え続けます.

　デイルとデブラはカレンとジョンの隣人であり，カレン，ジョン，彼らのチベタン・マスティフが隣に引っ越してくる前からそこに住んでいました.

　デイルとデブラは睡眠障害に陥るとともに，犬の発する大きな吠え声のせいで家の中で静かなひとときを過ごすこともできない状態になりました.

　動物管理局は，過去すでに，犬の飼い主であるカレンとジョンを騒音違反で処罰しましたが，カレンとジョンは犬の騒音を止めさせようとしませんでした.

　数年経った後，デイルとデブラは大きな吠え声を理由として，犬の飼い主であるカレンとジョンを訴えました．デイルとデブラは裁判所に，犬の飼い主に犬を処分するよう強制し，過去数年間に大声で吠える犬によって引き起こされた損害に対して少なくとも20万ドル［約2700万円］を支払う判決を出すように求めました.

　あなたが犬の飼い主だったとしたら，どうやってこの事件を和解

で解決しようと思うでしょうか？

　驚くほどのことではないかもしれませんが，生徒の提案の中で最も一般的な応答は，デイルとデブラに住所を移動させることでした．生徒たちは，デイルとデブラの方が最初からそこに住んでいたという事実はあまり気にしないのでした．

　このような紛争で交渉するためのフレームワークを整備しておくことなく，「あれか，これか」のバイナリ・パタンに限定された考え方では，簡単に立ち往生してしまいます．

　「お前の犬を始末しろ！」または「貴様こそ犬の鳴き声が気に入らないなら，転居すればいいだろ！」と主張する傾向は，私たちの米国社会の議論の分断状況を考えると，当然のこと，ないし，よくあることです．

　幸いなことに，調査を開始するための3ステップのシステムであるDIMプロセス（判定（D: Determine）＋特定（I: Identify）＋創造的提案（M: Make a Creative Offer））があり，これは，困難な紛争に対して，はるかに創造的で，すぐに使える解決策を作成するのに役立ちます．

➡ DIMプロセス ⬅

1. 判定D（Determine）

　生徒たちに，交渉での争点を判定し，「なぜ？」という問いかけを続けて，その問題の根底にある利害を判定させます．

2. 特定I（Identify）

　万一和解に至らなかった場合の，最も現実的で最善の代替的な帰結を特定させます．この帰結，すなわち交渉による合意に代わる最善の代替的選択肢のことを「バトナ（BATNA: Best Alternative To a Negotiated Agreement）」と呼びます．

3. 創造的提案 M（Make a Creative Offer）

根底にある利害に対処できる創造的な提案で，自分のバトナよりも有利となる提案をするよう心がけさせます[34]。

このプロセスを実践するために，あなたがニュー・ヨーク市の高層オフィス・ビルを運営するビル管理者であるとしましょう。

そのビルのテナント（入居者）から，エレベーターが遅すぎると毎日のように苦情が来るのですが，エレベーターをより高速な機種に交換するには，数百万ドル［数億円］のコストがかかるとします（バトナ）。つまり，お金のかかる工事許可証を取得したり，アスベストの問題に対処したりしなければならなくなり，しかも工事期間中はビルが使用不能になる可能性もあります。

しかし，あなたとしては，これらの問題を是非解決したい，とします。

まず，争点と利害を判定することから始めましょう（D）。

争点とは，最も明白で，直接的で，表面的な問題のことです。

この例の場合，ビルのテナント（入居者）たちの最も明白な問題は，エレベーターが単に遅すぎるということです。

争点の判定を終えて，利害の判定に移行するには，利害関係者にとってその争点がなぜ深刻に重要なのか，を問う必要があります。このオフィス・ビルのテナントたちは，なぜエレベーターが遅いことを問題視するのでしょうか。

テナントの人たちが，早く仕事をしたくてたまらないから，というわけではないでしょう。このビルで仕事をしている人たちの身になって考えてみるといいでしょう。

---

34 ［訳注］自己のバトナよりも不利なら，合意するよりも，交渉を決裂させてバトナを実行した方が有利となるため。

朝，出勤してエレベーターのボタンを押します．ひどく遅い！

　なぜエレベーターがひどく遅いと腹が立つのでしょうか？　腹が立つのは，エレベーターの前にじっと立って待ち続けなければならないからです．ひどく退屈です．

　テナントたちは，じっと待ち続けることでイライラし，ただただ腹が立ってくるのです．

　エレベーターが遅いという争点自体を解決しようとするのではなく，「なぜ？」と問いかけて判定した，待ち時間が退屈だからという利害に焦点を当てるのです．つまり，待ち時間がそれほど退屈でなくなるようにする方向で考えれば，創造的な解決策がいろいろと思いつくでしょう（M）．

　たとえば，エレベーターの外側と内側に鏡を設置し，テナントたちがその日のための身だしなみを整えることができるようにすれば，待ち続けてイライラすることはなくなるでしょう．

　エレベーターに音楽を流すこともできます．ギャングスタ・ラップ[35]やパンク・ロックを流しますか？　いいえ，ケニー・G[36]に決まっています！　古き良きスムース・ジャズを流して，テナントたちの神経をちょっとだけほぐしてあげましょう．

　このようにDIMプロセスを実践すると，デフォルトとしてよく使われる真っ向勝負で角を突き合わせる紛争解決手続よりも，創造的で実行可能な解決策がほとんど常に得られるようになります．

　このDIMプロセスを念頭に置いて，もう一度，「吠える犬訴訟」の事実関係を以下に見ていくことにします（Green, 2017）．

---

35 ［訳注］ギャングスタ・ラップは，暴力的な日常をテーマにしたラップ・ミュージックを指す．

36 ［訳注］ケニー・Gは，米国の人気ミュージシャンで，スムース・ジャズの分野で大ヒットした．

カレンとジョンはオレゴン州に住んでいて，犬を何匹か飼っています．また，鶏やその他の動物も自宅で飼育しています．

　夫婦の犬はチベタン・マスティフで，体重が150ポンド（約68kg）以上あります．また，この犬たちは吠え声がとても大きく，しかも毎朝午前5時ごろから一日中吠え続けます．

　隣人のデイルとデブラは，カレンとジョン，およびチベタン・マスティフが隣に引っ越してくる前からこの地に住んでいました．

　デイルとデブラは睡眠障害に陥るとともに，大きな吠え声のせいで家で静かな時を過ごすことがまったくできなくなってしまいました．

　動物管理局はすでに騒音防止違反で犬の飼い主のカレンとジョンを処罰しましたが，2人は犬の騒音を止めさせませんでした．

　数年後，デイルとデブラは，吠え声がうるさいことを理由として犬の飼い主のカレンとジョンを裁判所に訴えました．デイルとデブラは裁判所に対し，犬の飼い主のカレンとジョンに犬を処分させることと，ここ数年間の犬の大きな吠え声による損害の賠償額として20万ドル（約2700万円）以上を支払うよう命じることを請求しています．

　あなたが犬の飼い主のカレンとジョンだとしたら，この紛争をどのような和解で解決しようとしますか？

　和解交渉を始めるには，隣人のデイルとデブラの側の争点と利害を，犬の飼い主のカレンとジョンがまず判定する必要があります．

　隣人を悩ませている最も明白な，直接的で，表面的な問題は，犬の絶え間ない吠え声です．しかし，犬が吠えることが・な・ぜ隣人を悩ますのでしょうか？

　犬が絶えず吠えていると，隣人は眠れないからだと推測できます．犬は隣人を目覚めさせ，そして吠え声によって隣人は何ごとであれ集中することが難しくなります．

　しかし，な・ぜこのことがこれほど深刻に隣人を悩ますのでしょうか？　ここでの根底にある利害は何でしょうか？

　一般的に言えば，それは隣人の持つ家庭生活についての感性と関係があるのかもしれません．ほとんどの人は，自分の家では安心感

と静けさを楽しむことができるという基本的な期待を持っています．

したがって，この期待が隣人の利害なのです．つまり，平和と静けさの維持です．

犬の飼い主のカレンとジョンが自分の側のバトナ（交渉で合意できなかったときの最善の代替的選択肢）を正直に特定しようとすれば，訴訟が不利に終わる可能性が高いことにすぐに気付くでしょう．

犬の飼い主は，すでに騒音防止違反で処罰されています．犬の飼い主のカレンとジョンが訴訟上の和解合意を結ぶことができない場合，判決へ進むことになり，これまでに処罰されたという経歴は，おそらく裁判所や陪審員による厳しい不利な判断につながるだろうと思われます．

カレンとジョンのバトナについての現実的な評価は，おそらく判決で彼らは違法有責と判断され，損害賠償額を支払わなければならなくなるというものです．賠償額が20万ドル（約2700万円）にも上ることはないでしょうが，かなりの額にはなると思われます．飼い主が犬を飼うのを止めなければならなくなる可能性もかなりの程度あります．

カレンとジョンが飼っている動物たちの安全・安心という自分側の利害について慎重に考える場合，自分の側のバトナ，すなわち判決は非常に不利なものとなるため，判決まで突き進む価値はおそらくないでしょう．

最初の和解の提案をするに際して，飼い主のカレンとジョンが犬を手放す必要がなく，また20万ドル［約2700万円］もの巨額賠償金を支払うこともない解決策で，隣人のデイルとデブラが平和と静けさを回復できるにはどうしたら良いかを考えてみる必要があります．

おそらく飼い主は，昼夜の別なく吠えないように犬を訓練するた

めのお金なら支払うことができるでしょう．あるいは，犬の飼い主側がお金をかけて，自宅により良い防音壁と防音窓を設置することで，隣人と和解合意をすることができるかもしれません．

　ここで重要なことは，争点にだけ焦点を合わせたのでは考えつかなかった他の合意選択肢があるということです．

　現実の事件では，この訴訟事案は衝撃的な結果をもたらしました．

　オレゴン州の陪審は原告側のデイルとデブラに20万ドル［約2700万円］を超える損害賠償額を与え，犬の飼い主の被告側カレンとジョンに，犬の「声帯切除」を強制しました．この手術は，犬の声帯を外科的に修正して犬の吠え声を小さくする手術のことです．犬の飼い主が犬の声帯切除を望まない場合，彼らは犬を手放さなければならないとされました．

　犬の飼い主がこの紛争を解決するためにDIMプロセスを試していたならば，このような結果は回避できたはずです．

　教師が他の広範な職責に加えて，社会性と情動制禦とを生徒に教えることが求められているこの世界では，DIM プロセスの採用は格好の時間の節約にもなります．

　教科のよく整備された教育と，社会性と情動の教育（SEL）との間を，二者択一の関係と考えると，誤った選択をすることになります．

　生徒に強力な紛争交渉スキルを教えることで，生徒は紛争へと深刻化させることなく意見の対立を調整することができるようになり，グループ活動の文脈では協力者や問題解決者としてより効果的に機能することができるようになるのです．

➡ 和解と交渉の例 ⬅

　以下では，クリティカル・シンキングを教育するための枠組みと

してDIMプロセスを使用するときの実践方法を紹介します.

　そのどの実践においても，生徒は表面的な立場の対立としての争
点を判定し，「なぜ？」という問いかけによって深く掘り下げて争
点の根底にある利害を判定しなければなりません.

《**国語**（ELA）》

　小説や短編小説を使って，登場人物たちそれぞれの利害を満たす
ような別の結末を考えさせます.

　たとえば，ジョン・スタインベックの『二十日鼠と人間』を使う
場合は，主人公のジョージ・ミルトンが大男の友人レニー・スモー
ルを不幸から解放するためには，他にどのような選択肢がありえた
か[37]を考えさせます.

　ただし，「宇宙船がやってきてレニーを火星に連れ帰る. なぜな
ら彼は本当は宇宙から来たエイリアンだったからだ」というような
まったく新規で珍奇な結末をいい加減に創ってはいけない，として
おきます.

　認められる代替的結末は，ジョージ・ミルトンとレニー・スモール
両者の根本的な利害を同時に満足させるものである必要があります.

　終盤でのジョージ・ミルトンの問題（争点）は，レニー・スモー
ルに対する極度の不平不満です. しかし，なぜジョージ・ミルトン
はレニー・スモールに対してこれほどまでにイライラしているので
しょうか？

　おそらく，小説の冒頭からずっとジョージ・ミルトンは，レニー・
スモールが次々と引き起こす問題（争点）の後始末をし続けなけれ
ばならなかったからでしょう.

　レニー・スモールのある失敗のせいで，2人は別の町から逃げ出

---

37 ［訳注］現実の小説では，レニー・スモールが追っ手によってリンチされて殺され
　　る前に，ジョージ・ミルトンが銃で撃って死なせる.

して来たばかりでした．ジョージ・ミルトンは，レニー・スモール
が何度も同じ失敗を繰り返すので，時間をかけてレニーの不始末の
処理をし続けなければならないことにうんざりしています．

　どのような代替案があれば，ジョージ・ミルトンは自分の利害を
満たすことができるでしょう？

《社会科》

　戦争に陥った２つの国双方の根本的な利害を満たすことによって，
戦争を防ぐことができたであろう平和条約の条項を起草させます．

《算数・理科》

　問題解決の習慣とマインドセットは，算数と理科の難しい問題を
解く上で最も重要でありながら，見落とされがちな点です．

　生徒が算数の問題で苦労しているときに，その生徒が直面してい
るのは「行き詰まってしまった」「どうすればいいかわからない」
という心の持ち方の問題であることが多いのです．

　しかし，「なぜ行き詰まったのか？」という問いを生徒が深く掘
り下げるように仕向けることで，認知についての認知であるメタ認
知のプロセスを明確化することができます．それに加え，このよう
に思考を言語化して考えるというプロセスによって，生徒は，問題
解決のやり方を身につけるようになります．

　次のような例を見てみましょう．

次の式の変数N，O，V，およびAの値を求めなさい（それぞれ異な
る数値を表している）．

$$
\begin{array}{r}
\text{NOVA} \\
\times \quad \text{A} \\
\hline
\text{AVON}
\end{array}
$$

生徒たちが考えるときに，頭の中で自問自答するやり方として，私が生徒に奨励し，明示的にも教える会話内容は次のようなものです．

　　なぜ，私は行き詰まってしまったのだろう？
　　それは，ＮとＯとＶとＡの値が何かわからないからだ．
　　何か手がかりはないのだろうか？
　　見つからない．
　　もし，何をしたらいいか，分かっていたらどうやるだろうか？
　　最初の第一歩は何だろう？
　　たぶん，まずＡが何か，から解こうとするだろう．
　　それは，なぜか？
　　それは，この問題にＡが３つもあり，その中の１つのＡは乗数になっているからだ．
　　Ａについて何か分かることはあるだろうか？
　　いいや，まだない．
　　では，Ａが何でないか，は分かるだろうか？
　　うん，それなら分かる．
　　数NOVAの０倍は０で，NOVAの１倍はNOVAだから，Ａは０にも１にもなり得ないことが分かる．
　　じゃあ，Ａの値は何だろうか？

　この例のように，手がかりを探るための質問を使って，問題点（争点）を利害に変換させる方法は，生徒たちがメタ認知について意識的になり，自分の行き詰まり感を乗り越えるための強力かつ実用的な方法でもあります．

38［訳注］N=1, O=0, V=8, A=9 で成り立つ（これが唯一の答え）．
　　　　　　1089
　　　　　×　　9
　　　　＝9801

第**11**章

競い合わせよう！

　法科大学院の教授たちの成績評価に対する考え方は，学部や他の大学院の教授たちのそれとは大きく異なっています．

　他の大学院では，学生が教材文献を読みこなし，しっかりした論文を書けば，A評価をもらうことができるものです．しかし，法科大学院での成績評価は，これと2つの重要な点で異なっています．

　第1に，法科大学院の教授陣は，強制曲線に沿った成績分布となるように学生を採点します．つまり，30人のクラスの場合，学生の100％が重要な法的概念や法原則を修得していることを証明できたとしても，成績分布の強制曲線では成績の中央値がB評価に設定されていて，教授が与えることのできるA評価の数が明確に限定されています．

　第2に，法科大学院での教授の答案評価は，相互の優劣だけでなされる相対評価です（しかも答案は匿名化されています）．つまり，法科大学院の教授のほとんどは，試験答案を最高から最低までの順に並べ替えるだけで，成績自体は曲線に沿って機械的に評定します．

　したがって，成績でトップになるためには，法を知っているだけでは不十分です．学生が法令や法的ルールを暗記して，答案用紙に吐き戻しただけなら，おそらくC評価を喰らうことになるでしょう．

　事実に法を当てはめ，適切な分析を行うことができれば，成績はB評価の範囲内に十分に収まるでしょう．

　学生みんなが欲しがるA評価を獲得するためには，卓越した分

析によって答案が目立つものとなることが必要です.

そして,学年トップに与えられるCALI成績優秀賞[39]を受賞するためには,クラスメートと比較して最高の論述式答案を書かなければなりません.つまり,他のどの学生にも見えないような事案の細部や視角を見抜く必要があります.

「結論がどうあるべきか」という問いに答えるだけではダメです.A評価を獲得するためには,試験答案で法政策的分析からの「結論の理由」をも説明しなくてはなりません.

少なくとも短期的には,法科大学院での成績競争には現実的な結果が伴うことになります.

ほとんどの法科大学院では,クラスの上位3分の1の学生にしか成績ランキングを開示しません.法科大学院の奨学金は,受給者がこの上位3分の1のグループに留まることを条件としているのが普通です.

法科大学院生にとって優秀さの証明であるロー・レヴューのエディターになれるかどうかも,たいていの場合,成績によって決まります[40].

さらに,最高給で最も権威ある著名法律事務所に採用される可能[41]

---

39 [訳注] 正式にはCALI Excellence for the Future Award と呼ばれ,The Center for Computer-Assisted Legal Instruction (『コンピュータ支援法学教育センター』) に参加している全米のほとんどの法科大学院で学年トップの学生に授与される.

40 [訳注] 法科大学院が発行する法学専門誌を *Law Review* と呼び,教授ではなく法科大学院生が編集作業を行う.編集委員(エディター)には成績優秀の学生が選ばれ,編集委員長(エディター・イン・チーフ)となることは,法科大学院生にとって最も名誉なこととされており,多くの著名な法学教授や裁判官が法科大学院生時代に経験している.

41 [訳注] 米国の大手法律事務所には数百名から数千名の弁護士が所属しており,若手弁護士(アソシエイトと呼ばれる)の初任給も1年あたり日本円で数千万円に上り,経営弁護士(パートナーと呼ばれる)の中には数億円から数十億円の年収を上げている者もいる.

性や，エリート法曹の象徴である裁判所のロー・クラーク[42]に採用される可能性は，学年の上位5％から10％の学生にのみ与えられるものです．

　私は，幼稚園から高校までのK-12制度の間ずっと成績不振の生徒であり続けましたし，コンピュータ・サイエンスを専攻した大学学部生時代を通じても成績不振学生でした．さらには行政学の修士号を取得した大学院生時代においても，成績が芳しくないままでした．

　ところが，法科大学院では違いました．

　私は法科大学院でいくつものA評価を獲得し，学年トップの成績で卒業しただけでなく，5つの法学科目でCALI成績優秀賞を授与されました．それらの法学科目は，契約法，憲法，所有権法，離婚調停法，および遺言法・信託法・遺産法です．

　私には取り立てて成績にこだわりがあったわけではないので，良い成績を取りたいという願望が私の勉強の動機だったのではありません．

　それよりも，自分の創造性が重要であると気づいたことや，これ

---

42 ［訳注］日本の最高裁判所調査官は，中堅のエリート裁判官から選ばれて一定期間最高裁判所裁判官を補佐するが，米国のロー・クラークは法科大学院を卒業したばかりの弁護士から選ばれる任期付きの職種である．ロー・クラークの仕事自体は最高裁判所調査官とほぼ同様で，裁判官のためにリーガル・リサーチ（法的調査）を行い，判決起案の手伝いなどもする．ただし，日本の最高裁判所調査官は特定の裁判官のために仕事をするものではなく最高裁判所のために仕事をするが，米国の連邦裁判所のロー・クラークは特定の裁判官に応募し，特定の裁判官が選任し，その裁判官のために仕事をする（給与は裁判所が支払う）．多くのロー・クラークはT-14と呼ばれるトップ14の法科大学院の出身者，とりわけ，ハーヴァード・ロー・スクールやイェール・ロー・スクールをトップ・クラスで卒業した学生で，その後は，著名な法学教授，連邦裁判所裁判官，大手法律事務所のパートナーなどへと出世していく．

までの人生で失敗を重ね続け，「えーと，何でこうなったのかというと……」と言い訳ばかりしていたことが，今や自分の財産になっているのだと気づいたことで，私のやる気が燃え上がったからです．

法科大学院では，良い学生であるとはどういうことかについての常識が覆されました．

法科大学院には，宿題や雑務がほとんどありません．クラスでのディスカッションに積極的に参加することが成績評価の対象とされることもほとんどありません．どれだけきれいにノートを取っているかは成績とは関係ありません[43]．

どれだけたくさん暗記したかではなく，自分の頭で考えることが重要でした．

法科大学院では，自分自身との勝負が重要なのです．

法科大学院の期末試験でドゥロー・シー（DRAAW+C）のフォーマットを使って分析をしたときは，チェス盤の両方の側で一人ゲームをするような感覚でした．自分の頭の中で議論を戦わせている声を答案として書き出すことに，本質的なスリルを感じていました．

正直に言って，他人をどう押しのけて良い成績を取るか，などを気にしたことは私にはありません．私は単に，自分自身の達成感を満たすために，ベストを尽くしたいと思っていただけでした．

このような「競争」こそ，教師はもっと見るべきもの［なのに教育現場で目にすることは稀なもの］です．

---

43 ［訳注］著者のコリン・シール氏が受けた法科大学院での授業の場合である．一般的には，米国の法科大学院では，大量の宿題が出され，それらを読んで理解していることを前提に授業が質疑応答方式で進められる．法科大学院生にとっては非常にストレスの溜る学生生活となる．セミナーであれ講義であれ，積極的に参加して発言や質問をし，自分の意見を主張することが求められ，それが通常は成績評価にも反映される．

社会での競争というと，スポーツ，成績競争，スペリング・コンテスト，クラス・ランキングが思い浮かびます．

　つまり，「誰が一番か？」という競争です．

　そして，「みんなが勝者」という考え方は，私たちの考える競争の観念にはそぐわないので，参加賞という考えを蔑んでいます．そのため，世間的な競争モデルを受け容れない若者は，怠け者のレッテルを貼られることになるのです．もっと根性が必要だ，とか，ハングリー精神が足りない，情熱が足りない，大志を抱け，などといわれてしまいます．

　しかし，「どうでもいいじゃん症候群」と闘う中で，私はある種の競争はモチベーションを上げてくれるようなものではまったくないことに気づきました．

　私が，プロ・バスケット・ボールのレジェンドのステフィン・カリーとスリー・ポイント・シュートの競争をしたり，女子プロ・テニスのレジェンドのセリーナ・ウィリアムズとテニスの試合をしたり，あるいは，全米スペリング・チャンピオンとハンディなしのスペル対決をしたりしなければならないとしたら，私にやる気はまったく起きないでしょう．

　レヴェルが違いすぎるからです．

　しかし，もっと内在的な目的意識からくる競争心であれば，まったく違った感覚になります．

　たとえば，スリー・ポイント・シュートを何本連続で打てるか？テニスのサーブをダブル・フォールトなしで10本連続で決められるか？　過去3回の全米スペリング大会の決勝で優勝をもたらした単語を綴れるか？

　年齢相応のパズルを目の前に置けば，その生徒はパズルを解き始めないではいられないでしょう．

このような内発的動機づけに焦点を当てた競争こそが，本書で最後に採り上げる法教育プログラム（thinkLaw）の方法です．

➡ 学生アスリートに報酬は支払われるべきか？ ⬅

　競争といえば，大学スポーツで最も物議を醸している問題の1つが，大学に所属している学生スポーツ選手に報酬を支払うべきかどうかです．

　この問題が最も議論されている分野は，巨額の収益を生み出す最大のスポーツである男子バスケットボールとアメリカン・フットボールのそれぞれのディヴィジョン1に属する大学の選手についてです．

　NCAAと略称される「全米大学体育協会（National Collegiate Athletic Association）」は，大学におけるさまざまなスポーツ競技の運営支援をしています．

　全米大学体育協会の2018年度の報告書によれば，米国では高校生アスリートの約2％しか大学のための奨学金を授与されておらず，しかも，それらの奨学金のすべてが大学教育にかかる諸費用を全額カバーしているわけではない，とのことでした．

　全米大学体育協会はまた，大学生レヴェルのアスリートでプロのスポーツ選手になれる者はほとんどいないこと，そして大学生アスリートにとって最大のメリットは，ほとんどまたはまったくお金をかけずに大学の学位を取得できることである，と報告しています．

　大学に所属するアスリートは，アマチュアとして扱われるアスリートでなければならないため，報酬を受け取ることはできないことになっています．大学生アスリートは，特定の費用を賄うための奨学金を受け取ることができますが，支出費目が特定されているので，その奨学金をどのように使うかを自分自身で選択することはできないようになっています．

全米大学体育協会は 2010年にCBS[44]と108億ドル［約2兆400億円][45]の放映権契約を締結しました．この契約によれば，男子バスケットボールのトーナメントの全試合をCBSが2024年までテレビで独占放映できます（Wolverton, 2010）．

　大規模な大学に勤務する535人のコーチの給与は合計で4億4,000万ドル［約830億円］にのぼり，大学は2万人の大学生アスリートに合計で4億2,600万ドル［約805億円］の奨学金を提供しました（Isadore, 2016）．これらのコーチの所得は平均すると年間82万3000ドル［約1億5600万円］になりますが，大学生アスリートの方は年間約2万ドル［約380万円］の援助しか受け取ることができていません．

　大学は，スポーツ関連企業と契約を締結することもできます．たとえば，2014年にノートル・ダム大学はスポーツ用品メーカー「アンダーアーマー（Under Armour）」と9,000万ドル［約158億円][46]で10年契約を結びました．

　では，大学生アスリートに報酬は支払われるべきでしょうか？

　この問題を採り上げた法教育での典型的な教育方法では，生徒たちはいつもやっている法教育と同じようにして質問に答えようとします．

　すなわち，生徒はドゥロー・シー（DRAAW+C）のフォーマットを使用して，決定的な判断（D）を論理的なルール・法（R）によって裏付けつつ行い，議論の両側の論点を検討し（A&A），自分らの判断の公共政策・法政策的な世界（社会全体）への影響を比較衡量

---

44 ［訳注］Columbia Broadcasting System, Inc.のことで，米国のテレビ放送の全国ネット会社である．
45 ［訳注］米国労働統計局の消費者物価指数インフレーション計算サーヴィスによれば，2010年の1ドルは2023年の約1.4ドルに相当する．2023年の1ドルは135円とした．
46 ［訳注］米国労働統計局の消費者物価指数インフレーション計算サーヴィスによれば，2014年の1ドルは2023年の約1.3ドルに相当する．2023年の1ドルは135円とした．

して（W），説得力のある結論（C）を楽々と手に入れることができるのです．

このようなテーマでの法教育には正義と公平の問題が含まれているため，それが内発的な動機付けとなって生徒は熱心に取り組むものですが，同時に，競争の要素も動機付けとなるのです．

以下の例では，本テーマに関する詳細な事実関係はごく一部のみが示されているだけです．

生徒たちに事実関係の長い文章を読ませたり，自分でリサーチさせたりする代わりに，教師は「一時停止ボタンを押して」，「主張・反論ゲーム」をプレイさせることもできます．

すなわち，主張・反論ゲームでは，生徒たちは自分自身の個人的意見や立場とは関係なく，特定の立場の主張を与えられ，それに対する強力な反論を考えださなければなりません．たとえば生徒は，大学生アスリートにお金を払うことに反対する次のような主張を受け取るかもしれません．

「大学生アスリートは，優れたコーチの指導，完備された体育施設，および高度のトレーニングに無料でアクセスでき，他では得られないプロのスポーツ選手になる機会を与えられている．」

そこで生徒はこの主張に対する反論を展開しなければなりません．たとえば以下のような議論です．

> プロの選手になれる大学生アスリートがどれほど少ないかを見れば，大学生アスリートが無料で享受するコーチの指導とトレーニングは，大多数の大学生アスリートにとっては，意味のある結果につながっていないことがわかる．
>
> その上，若いアスリートが海外でプレイする機会を得ることも多く，大学に行かないという選択をすることもできる．その場合には報酬をもらいながら，大学生アスリートと同じレヴェルのトレーニングとコーチの指導を享受できる．

「主張・反論ゲーム」は，勝ちたいという内発的動機に基づく競争に適しているだけではありません．

　このゲームは，物議を醸しているトピックについても，授業で生

〔図表12〕　大学生アスリートへの報酬支払いに対する賛否の意見

大学生アスリートへの報酬支払いに賛成する意見	大学生アスリートへの報酬支払いに反対する意見
○ 多くの大学生アスリートは，1週間に40〜60時間をスポーツに費やしている．それに加えて，授業に出たり，宿題をこなしたりしなければならない．アルバイトをすることは不可能である．奨学金で学費は賄えるが，その他の出費のためのお金を稼ぐ術はない．	○ 大学生アスリートは，質の高いコーチング，最高級の施設，ハイ・レヴェルのトレーニングなどを無料で受けることができる．大学生アスリートにプロ選手になる可能性があるなら，その実現のために大学のスポーツ・プログラムから受ける準備は非常に価値の大きなものである．
○ 大学生アスリートがお金を稼ぐことについては，非常に厳しいルールがある．大学生アスリートは，企業とスポンサー契約を結ぶことが許されていない．スポンサー契約とは，ジャージに選手名が使われたり，ヴィデオ・ゲームに似顔絵キャラが使われたり，ポスターに選手の写真が載ったりしたときに，その売上金の一部を受け取ることができるという契約である．	○ 大学生アスリートもその本来の仕事は学生であることである．大学生アスリートは大学の従業員ではない．プロのスポーツ選手でもない．大学では，スポーツは課外活動にすぎない．大学生アスリートは，多額の借金を背負うことなく，学士号や，ときには修士号を取得することができる[47]．
○ コーチング・スタッフ，パーソナル・トレーナー，チケット販売員，審判など，大学スポーツのお陰で生まれた仕事はたくさんある．全米体育協会自体も，500人以上を雇用している．以上の人々はすべて，大学スポーツからお金を得ている．スポーツの主役である大学生アスリート以外は，全員が報酬をもらっている．	○ 大学によっては，スポーツ・プログラムによって多額の利益を得ているところもある．たとえば，テキサスA&M大学は，1年間で1億8000万ドル（約240億円）[48]もの利益を上げている．とはいえ，多くの大学は，それほどの利益は上げていない．約44%の大学は，スポーツ・プログラムからの収入が年間2千万ドル（約27億円）以下である．それらの大学には，大きな大学のようにアスリートに報酬を支払う余裕はない．

徒たちに有意義な議論をさせるための実用的な方法であります（議論の例については**図表12**を参照）．生徒が今日的課題に取り組むことのできる場を作り出すことが教育においてこれまで以上に重要になっている現在ではありますが，教室でのディスカッションが軌道を外れてしまったために，事件としてテレビ・ニュースで報道されてしまうリスクを取ろうという教師はいないでしょう．

この点，「主張・反論ゲーム」ならその構造のおかげで，教室でのディスカッションを健全な枠内に留めることができます．

このゲーム中に生徒たちにさまざまな側面から議論する機会を与えることで，生徒たちは別のさまざまな視点を理解し，人ではなく考えを議論の相手とすることができるようになるのです．

このような学習プロセスにより，感情的になることなく意見をぶつけ合うという困難な作業を加速度的に学ぶことができるのです．

■▶ 4分類ゲーム ◀■

「一時停止ボタン」を押して一呼吸することで，競争を梃子にして生徒たちにクリティカル・シンキングを習得させるもう1つの方法は，「4分類ゲーム」です．

この方法を使うには，まず，問題となっている争点についての抜粋文または短い要約文を生徒に示します．

---

47 ［訳注］米国の一般の大学生の多くは，授業料や生活費のために卒業までに多額の借金を背負うことになる．米国の大学生は日本の大学生と違い，親の仕送りで授業料や生活費を賄うのではなく，アルバイトや学費ローンなどで生活する．学費ローンの大半は連邦の設営するもの（Federal Student Loans）である．学費ローンで学部卒業時に数百万円，さらに法科大学院卒業時に数千万円の借金を負うことも珍しくない．2022年のデータによれば，71%のロー・スクール卒業生が卒業時に借金を抱えており，その平均額は約12万ドル（1500万円）であり，トップ10のロー・スクールの場合，平均約16万ドル（2000万円）の負債を抱えている．Education Data Initiative のホームページ（https://educationdata.org/average-law-school-debt）による．

48 ［訳注］契約年が不明なので，2023年の為替レートで計算した．

次に，生徒たちに次々と追加の情報を与えていき，その都度生徒に情報を4つのカテゴリーに分類させます．そのカテゴリーとは，「賛成」，「反対」，「無関係」，「どちらとも言えない」の4つです（**図表13**参照）．

このセクションでは，4分類ゲームの例を示します．

〔図表13〕 4分類ゲームのマトリックス

賛成	反対
無関係	どちらとも言えない

■▶ **商品取戻しの禁止：ウィリアムズ対(株)ウォーカー＝**
トーマス家具店事件（1965年） ◀■

オラ・ウィリアムズさんは家具を買う必要がありました．そこで，彼女は，ウォーカー＝トーマス家具店に行き，必要な家具を分割払いで購入しました．

このようにして，1957年から1962年の間にオラさんは，13種類の家具を購入し，その合計金額は1,500ドル［約214万円］[49]に達しました．

---

49 ［訳注］米国労働統計局の消費者物価指数インフレーション計算サーヴィスによれば，1957年から1962年の1ドルは2023年の約10ドルから11ドルに相当する．2023年の1ドルは135円とした．

その際に，オラさんは分割払いの契約書にサインしました．この契約には以下の条項が入っていました．すなわち，オラさんが1回でも支払い期限を徒過すると，彼女が購入した家具のすべてを家具店が取り戻すことができるという文言です．

オラさんは支払いを徒過しました．そこで，ウォーカー＝トーマス家具店は，オラさんがそれまでに購入した家具をすべて取り戻しました．

ウォーカー＝トーマス家具店には，オラさんの購入した家具をすべて取り戻すことが許されるべきでしょうか？

即座に直感的に判断できるだけの十分な情報がすでに示されています．とはいえ，より多くの追加情報がなければ，徹底的な分析を行い，結論に達することは困難です．

事実関係がすべて書かれた長い文章を生徒たちに読ませる代わりに，事実を書き込むメモ用短冊（**図表14**参照）を用意して，追加情報を四分類マトリックスのどこかに整理させて行きます．

〔図表14〕 事実メモ用短冊

オラさんは7人の子どもを持つひとり親であった．	オラさんは，政府から支給される月218ドルの収入だけで生活していた．
ウォーカー＝トーマス家具店は，オラさんが署名した契約書の写しをオラさんに渡したことが一度もなかった．	当該分割払い条項によれば，オラさんに支払い残高がある限り，過去に遡ってすべての商品に支払い残額が残るように規定されていた．
1962年にオラさんには，1957年の購入家具の支払い残高がまだ3セント残っていた．ウォーカー＝トーマス家具店は当該家具をも取り戻そうとした．	オラさんが新しい商品を買い続ける限り，すでに所持している家具のすべてについて，その代金を完全に返済することはできないようになっていた．
1962年，訪問販売員が来て，オラさんにステレオを514ドルで売りつけた．	オラさんにステレオを売りつけた訪問販売員は，オラさんが生活保護を受けており，月収が218ドルであることを知っていた．

これは，生徒が自分で事実を整理するのに委ねる点で興味深い手法です．

　即時的に分類を始めると，たぶん，途中で分類を何度もやり直さなければならなくなるでしょう．

　たとえば，「オラさんは月に218ドル［約31万円］の政府支給の収入で暮らしていた」という事実は，最初はまったく無関係なように思われるかもしれません．

　しかし，ステレオの値段が514ドル［約73万円］であること，および，オラさんの月あたりの収入が218ドル［約31万円］しかないことを訪問販売員が知っていたと判明すれば，オラさんの218ドルの生活費はウォーカー＝トーマス家具店に対する訴訟でオラさん側に有利な事実となる可能性があるとわかってくるでしょう．

　表面的には，「4分類ゲーム」は競争的なゲームではないように見えるかもしれません．

　しかし，どのようなものであれ分類することには，アイデアの競争の要素が必ず含まれているのです．たとえば，「1962年にオラさんには，1957年の購入家具の支払い残額がまだ3セント［約43円］残っていた．ウォーカー＝トーマス家具店は当該家具をも取り戻そうとした．」という事実を見てみましょう．

　ここでは，ウォーカー＝トーマス家具店の行為があまりにも過酷なものに見える，という強い主張をすることができます．

　しかし，オラさんが家具を取り戻されるのが嫌なら，支払いを怠らなければよかっただけだ，という議論もできます．

　したがって，この事実は，どちらにも転ぶ可能性があるのですが，ウォーカー＝トーマス家具店の行為に対する賛成ないし反対という分類のどちらかにはピッタリと当てはまるものです．

この学習プロセスでは,「正しい分類をすること」が問題ではなく,説得すること, そして複雑なパズルをつなぎ合わせて完成させることが重要なのです.

　教師としては認めたくないほど多くの不正行為を, 成績へのプレッシャーから生徒たちが行っている時代に私たちは生きています.

　しかし, 4分類ゲームのような学習なら, 考える生徒たちはカンニングをしないし, しようとしないし, できないのです.

　クラスを6つのグループに分けてこの4分類ゲームに取り組ませたら, 6つの異なる分類が得られるでしょう.

■▶ 迅速で短い競争 ◀■

　教室で長年教えてきた経験を持っているので, 私は教えるということの現実を理解しています.

　最善の努力にもかかわらず, すべての教育実践がクリティカル・シンキングの傑作になるわけではありません.

　教師たちは, 生徒たちが目の前にいる間中, 生徒を楽しませようと教師をしているわけではありません.

　2次方程式を教えなければならない日も必ずあり, 2次方程式を初めての生徒たちに教えるには, 文字通り強制しなければならないでしょう (さもなくば生徒たちは決して自分から学ぼうとはしないのです).

　中核となる概念についての基礎レヴェルの理解がなければ, 特定の科目やトピックでの深いクリティカル・シンキング学習は, 生徒にとって不可能ではないにしても非常に難易度が高いものとなります.

　ただし, これは各単元の教育の全体が困難になるという意味ではありません. 中核となる概念をカヴァーするために必要で重要な教

育時間を無駄にすることなく，競争の良い面を促進できるような迅速で短いクリティカル・シンキングを，当該単元の教育に継ぎ目なく統合する方法があります．

　教育の内容が重くなることがわかっている場合，ベル・リンガー[50]の一環として，授業開始の最初の5分間に短いクリティカル・シンキングのためのゲーム，質問，ないしクラス活動を織り込むことを検討するべきです．こうすることで，すぐに生徒の注意を引くことができ，クリティカル・シンキングの習慣を定期的に実践する時間を与えることができ，学習のための積極的なエネルギーを生み出すことができるのです．毎日たくさん学ばなければならない生徒にとって，これらは非常に重要なものです．

　クリティカル・シンキングに基づいたこれらの対戦型競争のゲームは，生徒にとって学習の途中での，短い脳の小休止としても最適です．
　たとえば，抽象的な詩の分析を3年生にさせる授業を終えたばかりだとします．生徒たちがエネルギーを使い果たしていることは，3年生の本人たちでなくても誰にでも分かるでしょう．
　次に進む前に，ペースを変えて，前述の短いクリティカル・シンキング活動のどれかをさせれば，生徒たちを再び元気にさせ，集中力を取り戻させ，クリティカル・シンキングの習慣に定期的にアクセスすることの練習をさせることができます．

　使用できるゲーム，パズル，論理問題，なぞなぞなどは無数にあります．私のお気に入りは以下に紹介する，「24ゲーム」，「単語パ

50　[訳注] ベル・リンガーとは鐘を鳴らして授業の準備をさせることに由来する，ウォーム・アップ用課題のことである．

ズル」(ないし「ワズル (Wuzzles)」), そして「これは何〜んだ?」
です.

《24ゲーム》

　「24ゲーム」(https://www.24game.com) は, 私の最もお気に入り
のゲームです. それは,「数学オリンピックなどの数学競技会に一
度でも参加したことのある才能ある人『マスリート (mathlete)』は,
常にマスリートであり続ける」ということわざ通りに私が生きてい
るからだけではありません. 数学が嫌いな生徒でさえ, このゲーム
に含まれる複雑な問題解決に駆り立てられるからです.

　24ゲームとは, プレーヤーが各カードに書いてある4つの数字す
べてを使用して, 足し算, 引き算, 掛け算, 割り算を任意に組み合
わせて, 計算結果が24になる方法を見つけるというものです (Suntex
International Inc. 2019).

　容易さのレベル順で1ドット, 2ドット, 3ドットの問題 (3ドッ
トの問題が最も難しい) があるので, 教師は自分の生徒の能力レベ
ルに合わせて問題を選ぶことができます.

　たとえば, 4つの数が8, 8, 3, 1の場合, 24に到達するには少
なくとも以下の3つの方法があります.

まず第1の方法として,

$$3 + 1 = 4$$

$$4 \times 8 = 32$$

$$32 - 8 = 24$$

があります. あるいは第2の方法として,

$$3 - 1 = 2$$

$$2 \times 8 = 16$$

$$16 + 8 = 24$$

です．または，今年の数学選手権の代表選手にもなれるくらいの方法として，

8＋1=9

9÷3=3

3×8=24

があります．

これを授業冒頭にウォーム・アップとしてやるには，いくつかの方法があります．

1つ目の方法は，問題を書いたカードを黒板に貼付して生徒たちに解かせ，誰が最初に正解に至るか競争させるというものです．ただし，この方法の場合，答えるのが遅い生徒が本気で参加しようとしなくなる可能性があります．

この問題に対処できるより良い方法は，お互いに難易度の異なる3枚のカードを並べるというものです．誰が「一番にできたか」を見る代わりに，何通りの方法で問題を解くことができたかを競わせるのです．

中学レヴェルのクラスの場合は，クラス全員が解けるまでの時間をクラス対抗戦の形で競わせるとよいでしょう．

小学レヴェルの場合，能力混合グループ単位での競争として設定できます．これによって能力差を平等化でき，誰もが自分の可能性を最大限に発揮できるようになります．

問題が難しいと苦労している生徒には，グループで少なくとも1ポイントを獲得するために，1ドット・レヴェルの問題だけを解くことに集中させます．他方，24ゲームが得意なオール・スターの生徒たちは，最も難しい問題に挑戦し，しかも，できるだけ多くの解法を考え出すことに集中するでしょう．

《ワード・パズル（ワズル）》

　ワード・パズルは，テレビのゲーム番組「クラシック・コンセント[51]」の時代から興味をそそられていました．

　この番組は，マッチング・ゲーム[52]（私が子どもたちと一緒にマッチング・ゲームをするとき，我が家が「ハンガー・ゲーム」のようになります[53]）と，視覚的イメージとを，一般的な言葉に変換する判じ絵解きを組み合わせたものでした．

　ワズルは，大声でたくさん話すのでメタ認知を言語化することになり，ゆえに効果的です．

　このような問題なら，生徒たちは間違った答えをするのを恐れません．なぜなら，間違った答えによってこそ自分の望むところに到達できることを認識しているからです．

　ワズル（リバス・パズルないし判じ絵パズル）はいろいろなサイトで見ることができますが，ここではワズルのいくつかの例を紹介します．

1. 頭

　かかと

　（答え：真っ逆さま[54]）

2. ABCDEFGHIJKLMNOPQRSTVWXYZ

　（答え：あなたがいなくて寂しいので，あなたに会いたい[55]）

51　[訳注] トランプ・ゲームの「神経衰弱」と判じ絵を組み合わせた米国のテレビのクイズ・ショー．
52　[訳注]「神経衰弱」のように同じ2つを合わせるゲーム．
53　[訳注] 生き残りを賭けてプレイヤーたちが合従連衡を繰り返すことを意味すると思われる．
54　[訳注] head over heels（かかとの上に頭）から．
55　[訳注] アルファベットの中に文字U（=you）がないので missing you（あなたがいなくて寂しい，あなたに会いたい）となる．

3. NEAFRIENDED
（答え：困ったときの友人[56]）

　また，生徒たちに自分独自のワズルを創作させることで，生徒の創造力を発揮させることができます．

　本の中のフレーズのどれでも，主題となる単語，歴史的な出来事，数学アルゴリズムなど，どんなものでもOKです．

《「これは何ですか？」ゲーム》

　これは，ほんの数秒でできる簡単なゲイム「ブレイン・ブレイク」です．

　ネットで「〜のクローズ・アップ画像」と検索すればいいだけです（ただし，〜に何を入れるかには，注意が必要）．

　それから，正答の中身を隠しておいて，「これは何？」と生徒に尋ねるのです．

　図表15がその例です．

〔図表15〕　クローズ・アップ画像1

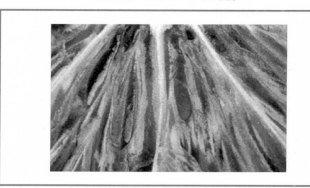

56［訳注］諺「困っているとき助けてくれるのが本当の友達（Friend in need is a friend indeed）」から．Needのスペリングの中にA Friendが入っている．

生徒たちはしばしば，自分が見ているものが何であるか，創造力を発揮して考えようとし始めます．これを羽とか，蜂の巣とかと見る生徒が出てくるかもしれません．

　なかには，これはオレンジだと正しく推測する者が出てくるかもしれません．

　ここで，教師のあなたはずる賢いポーカー・フェースで，誤解を招くような質問をして，生徒の頭を混乱させるといいでしょう．すごく疑わしいと思っているような声で，「これが本当にオレンジに見えるかい？　もっとよく見てごらん」と問いかけるのです．

　その上で，クローズ・アップ画像の横の正答の写真を見せるのです．（**図表16**参照）．

〔図表16〕　クローズ・アップ画像1と正解画像

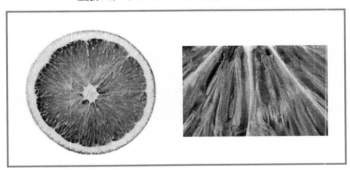

　この質問テクニックは，答えがもっと単純明快そうに見えるときにこそ，さらに威力を発揮します．

　図表17の画像は，クモの足です．

　生徒たちはこれを見て，反射的にクモだと判断するでしょう．しかし，次のような落とし穴にはめる質問で誘導してみるとよいのです．

　「次のこの質問はとても難しいものですよ．十分注意しないと

いけません．これまでも多くの生徒たちが引っかかったトリックなので，引っかからないようにしましょう．しっかりよく見て．これは何ですか？」

「ひどくやせた人の毛深い腕」とか「毛むくじゃらの曲がった木の枝」などといった，たくさんの当てずっぽうの間違った推量を重ねた挙げ句，生徒たちに「だまされていた」という現実に直面させるのです（**図表18の正解を参照**）．

〔図表18〕 クローズ・アップ画像2と正解画像

ここで，なぜ自分たちはそんなに簡単に自分の直感を疑って捨ててしまったのかを，生徒たちに考えさせることは良い教育方法となります．

　健全な懐疑心を抱くこと自体は良いことです．

　しかし，画像を自分の目で見，分析した上で，クローズ・アップ画像がクモの足であるという，経験と検討に基づく結論に達したにもかかわらず，なぜ生徒たちは自分の結論を疑ってしまったのでしょうか？

　質問に答えるときの態度や，リスクを取る姿勢に対して，生徒たちの解答への自信の程度がどのように影響するかを，教師たちは知っています．それに鑑みると，ここで説明したテクニックが知的成熟やマインドセットを教育するための強力な手法となることが分かります．

　言い換えれば，分析的に理由付けをするという慎重なプロセスに基づいて出した答えであれば，生徒は自分の答えに自信を持つべきなのです．

　そして，洞察，分析，エヴィデンス，そして詳細な事実を積み上げることなしに「本当にそうなのかな？」などと言いだす者が出てきたとしても，クリティカル・シンキングをマスターした者ならば，それだけで自分の結論を疑ってはならないのです．

第 **3** 部

クリティカル・シンキング革命の
起こし方とは?

第12章

法教育プログラムをうまくやってみよう！

　特別の才能のあるギフテッドの生徒たちを教える何千人もの教師に対して，法教育プログラム（thinkLaw）について訓練する喜びに，私は過去数年間も恵まれてきました．

　訓練を受けた教師たちは，クラスの生徒たちの学習の厳密さと集中力とを高めるためにすぐに活用できる具体的なツールを手に入れることができたと喜んでくれます．

　とりわけ，ギフテッドな生徒たち，つまり特別な才能のある生徒たちのための自己完結型特別教育プログラムで教える教師たちや，ギフテッドな生徒のためだけに毎週一定数割かれたコマ数を教える教師たちに喜んでもらえています．

　そのような教師は，自分の主な仕事が，ギフテッドなすべての生徒たちの潜在能力を最大限に引き出すことであることをよく理解しており，そのための確立した教育指導ツールを持っているものです．

　また，そのような教師たちのクラスには特別の才能のある生徒，すなわちギフテッドな生徒だけしかいないことも役立ちます．

　特別な才能のあるギフテッドな生徒の教師たちが，全米のクラスで法教育プログラム（thinkLaw）を成功裡に実施していると聞くと，私は非常に嬉しいです．

　しかし，残念ながら常にそううまく行っているとは限らないのです．

　私は，想像しうるあらゆるタイプの学校からの，何万人もの一般

の生徒向け教育を行っている教師たちを訓練してきました.

　私にとって残念なほどしばしば,法教育プログラム（thinkLaw）の実践に困難を感じていると,連絡してきた教師のグループがあります.

　たとえば,英語を学習している,母語が英語ではない生徒への英語科目である ELL（English Language Learner）の授業で,法教育プログラム（thinkLaw）を実践するのに苦労していると私に報告してきた教師グループがいます.彼らが口を揃えて言うには,特殊な教育課程の生徒たちは,法教育プログラム（thinkLaw）のような授業に苦労しているとか,学年レヴェルの学力に達していない生徒たちがこれらのクリティカル・シンキングの枠組みの授業について行くには「学力が低すぎる」というのです.

　このような現場教師からのフィードバックにより,私が認識するようになったことは,たとえ教師がクリティカル・シンキングが重要である理由をよく理解し,それを実行するための実用的な法教育プログラム（thinkLaw）の方法論を持っていたとしても,「すべての生徒」にクリティカル・シンキングをうまく教えるためには,実践に役立つフレームワークが必要であるということでした.

　さらに明確になったこととして,先生がすべての生徒たちにクリティカル・シンキングを教えることと,それを教わっている生徒たちがクリティカル・シンキングのスキルとマインドセットとを「実際に修得する」こととは,まったく別の目標である,ということでした.

　クリティカル・シンキングを教師が教えることと,それを生徒が実際に修得することとの間のギャップの例をいくつか思い浮かべることができます.

とある10月，私はある中学校の数学の先生が，数学の文章問題を理解し解く上でのすべての手順にわたって，生徒を手取り足取りしなければならない状況にあると感じて，辟易としていることに気がつきました．そのとき，その教師は，複雑な文章問題を黒板に書き出して，生徒たちに「この問題を解いてみなさい！ 君たちならこれをなんとか解けるはずだ．」と言いました．

　1分経過し，5分経過し，15分経過しました．とうとう時間切れになると，2人を除く全員が白紙の答案を提出しました．

　この例のせいで，私はその年の最初の算数の試験の中に次の問題を入れたことを思い出しました．「あなたがギャンブラーだったとしたら，賭のオッズと賭事象の生起確率のどちらを知りたいか?[57] あなたの選択を説明しなさい．」

　ほとんどの生徒はこの質問を飛ばしました．解答した少数の生徒たちも，そのほとんどは理由の説明なしに「オッズ」または「生起確率」と書いていました．

　ただし，私が最も野心的だと思っていた生徒は，ちゃんと理由を書いていました．しかし，それは「私はオッズの方が好きなので，オッズを知りたい」というようなものでした．

57　[訳注] 確率論での確率 p と「オッズ（odds）」の関係は，odds＝p／（1−p）である．たとえば，生起確率が20%のときのオッズは，0.2／（1−0.2）＝1/4となる．逆に，オッズが「4対1」のときの生起確率 p は 1/（4+1）＝20% となる．
　　ギャンブルの場合，生起確率が上記の例の20%とし，胴元が寺銭をどれだけ抜くかを無視するとすれば，勝ったときに元の賭金と返戻金を受け取る場合，元の賭金の 1+4＝5 倍（＝1/p）が手元に残る．元の賭金は戻らず，返戻金のみ受け取る場合は元の賭金の 4 倍（1/odds）が手元に残る．
　　ただし，「オッズ」は文脈によって異なる使われ方をする．日本では賭金が何倍になって返ってくるか（返戻金の倍率）を「オッズ」と呼ぶことがあるが，この意味の「オッズ」の場合は，胴元が賭金総額からどれだけの割合で寺銭を抜くかで，生起確率 p とオッズの関係が決まる．日本中央競馬会の場合20〜30%を取っている（JRAのホームページ https://www.jra.go.jp/kouza/baken/index.html 参照）．

私の期待は満たされなかったのですが，生徒たちに私の期待に応えるような学習の仕方を与えなかった点で，それは私の責任でした．

　クリティカル・シンキングの学習の仕方は，文法や算数の基礎の学習と同じです．その基本構造は，授業で法教育プログラム（thinkLaw）を実践する上での重要な前提条件ですので，教えることができるものですし，教えなければならないものなのです．
　バンド演奏を教える音楽の先生はほとんどの場合，初心者の生徒にはまず手拍子の練習から教え始めるものです．つまり，楽器を実際に演奏する前に，リズムとタイミングをマスターさせるのです．
　学習の仕方も，生徒にまず始めにリズム感を付けさせるようなものです．生徒たちがビートを保つことができるようになれば，音程をはずして演奏しても，何とかなるものです！

　法教育プログラム（thinkLaw）を実践する上で必要となるツールのすべてを，担当する生徒のすべてが身につけることを目的として，以下では教育指導にシームレスに統合できるクリティカル・シンキングの最も重要な4の方法を順次説明します．
　それらは，「考える時間を与える」，「穴あき文を埋めさせる」，「模範演技グループ方式」，および「熟議のルール」です．

▶ 考える時間を与える ◀

　現在の生徒が昔の生徒よりも，クリティカル・シンキングで苦労しているのは，なぜでしょうか？
　この疑問文を読むとすぐに，「最近の子どもはロックン・ロールばかり聞いている」といったモードに入ってしまいそうです．
　テクノロジーは利那的な満足感を生むものとなり，子どもたちは一日中テキスト・メールやスナップチャットの交換ばかりして，実

際の対面交流がない生活をしているのを見るのは，日常茶飯事となっています．

　しかし，私が違う形で質問をしたとします．以下の質問文を見て，私の指示に従ってみてください．

> これから重要な質問をするので，本当によく考えてから答えてください．考える時間を10秒あげましょう．
> 今日の生徒が昔の生徒よりも，クリティカル・シンキングで苦労しているのは，なぜでしょうか？
> 10秒あげるので，黙って考えて答えて下さい．

　これまでと違うという感じ，違和感，ないし不自然さを感じますか？

　教育現場での仕事で，140日後に行われる統一試験に間に合わせるため，180日はかかる学習準備を生徒たちにさせなくてはならない場合，時間繰りは死活問題となります．しかも，これは，卒業写真撮影日，祝祭日コンサート（文化祭），防災訓練日，愛校心の日，その他のすべてのイヴェントで，日時のかかるものすべてを考慮しない上での140日です．

　このように，時間に追い立てられて「時間が足りない」と焦っているため，生徒たちがクリティカル・シンキングを身につける上での最も重要な前提条件である「考える時間」という強力な無料のリソースを教師が見過ごしてしまう結果になりがちです．

　相対性理論で著名な物理学者のアルバート・アインシュタインはかつて，「問題を解くために1時間あったら，その内の55分を問題について考えるのに使い，残り5分を解決策を見出すのに費やすだろう」と言いました．
　批判的に考えるための時間を生徒たちに与えなければ，クリティ

カル・シンキングは文字通り不可能となるので，考える時間は生徒たちの学習にとっての最も貴重な資源のひとつとなります．

　考える時間を効果的に提供するには，以下の3つのステップがあります．

1. 生徒たちに「この質問に対する答えを考えるために10秒あげましょう．」と言うとよいでしょう．
2. いろいろな考えを喚起させる，自由回答形式の質問をするとよいでしょう．
3. 生徒たちに「10秒間あげるので，黙って答えを考えてみなさい．」と明示で指示するとよいでしょう．

　さらに上を目指すなら，10秒が経過した直後に，生徒たちに「隣と話し合うフェイズ」として，すぐ隣の生徒と自分の考えを話し合う短い時間を与えるのもいいでしょう．

　話すということは，声に出して考えることなので，これも生徒がクリティカル・シンキングを実践する機会を増やす方法となるのです．

　考える時間を与えることは，教育の現場をより平等にするための強力な戦略でもあります．

　考える時間を活用することで，生徒たちそれぞれが意味のある貢献を授業に対してできるようになる機会を，より公平に提供することができるのです．

　すべての生徒が，考える時間の恩恵を受けることができます．正しい言葉を見つけるのに悪戦苦闘している生徒，心の処理速度が遅い生徒，考え込みすぎる生徒，そして，自分の答えがバカバカしいかどうかにかかわらず常に即答するタイプの生徒などでさえ考える

時間の恩恵を受けることができます.

　考える時間を持つことは, クリティカル・シンキングのマインドセットとして不可欠な習慣です.

　生徒たちは, 完璧を追求することよりも, 何度も考え直してみる習慣の方を重んじることを学ばなければなりません.

　世の中では, クイズ番組「ジョパディ！」の勝者をスター扱いします. そこでは, 5秒以内にランダムな質問に正解することで, 勝者は自分の能力がいかに素晴らしいかを誇示するのです.

　しかし, あなたの生徒が大人へと成長する姿を想像してみてください.

　以下のような困難な決断を目の前に迫られた瞬間での, 人々の本能的対応が,「まず立ち止まって考えること」だったら, 世界はどのようなものになるか考えてみて下さい.

　「本当はお金が足りなくて買えないのに, この大きな買い物をするべきだろうか？」

　「今すぐこの契約にサインした方がいいのだろうか？」

　「キャッシュが手元にないところ, 給料日払いのローンを組むチャンスがある. このローンで借金をするべきだろうか？」

　このように「考える時間を持つ」ことによって, 人生の重要な決断を常に慎重に行うマッスル・メモリィ[58]が鍛えられるのです.

　この「思慮深さ」は, ソーシャル・メディアによる「一瞬で取り返しがつかなくなる時代」には, これまで以上に重要になっています.

---

58 ［訳注］直訳は「筋肉の記憶」で, たとえば自転車に乗るコツのように, ひとたび習得すると考えなくても体が自然に動くような体感記憶を指す.

インスタグラムのストーリィ，スナップチャット，その他の刹那的なメッセージは，表面的に「消える」ことはあっても，本当に「消える」ことはありません．ツイートやその他のソーシャル・メディア上の投稿は，たとえ削除されても，スクリーン・ショットなどでキャプチャされ，永久に使用されてしまう可能性があります．

消えようと消えまいと，いずれにせよ，言葉は重要なものです．リアクションも重要なものです．送信したテキスト・メッセージは，取り消すことができません．

生徒たちにとって，学業でクリティカル・シンキングによって難しい問題を乗り越えてゆく上で，考える時間を持つことが重要なのと同様に，人生における同様に困難な決断を下して生きて行くためにも，考える時間を持つことは重要なものなのです．

■▶ 穴あき文を埋めさせる ◀■

期待通りの高いレヴェルの文章を生徒に書いてほしい場合，教師はたいていルーブリック（作文心得）を生徒に提供します．教師は「良い文章」がどのようなものかのサンプルを見せることさえあります．

しかし，以上のやり方と，高い期待に応える文章を生徒が実際に書けるようになるための文章構造を習得させることとは，まったく別物です．

ロー・スクールで教えられる標準的な法律文書モデルは「IRAC構造」，すなわち争点（Issue），ルール（Rule），分析（Analysis），そして結論（Conclusion）の順序で構造化された文章が良いとされます[59]．

59　［訳注］Lexi Takamatsu 弁護士によれば，米国のロー・スクールで学んだとき，1年生で習った法律文書作成の構造は，「CREAC構造」と呼ばれるものだったとのことである．すなわち，結論（Conclusion），ルール（Rule），説明・エヴィデンス（Explanation/Evidence），分析（Analysis），そして詳細な結論（Conclusion（detailed））の順序の文章が法律文書として良いと教わった．

全国の学校現場では，「C-E-R構造」，すなわち，主張（Claim），エヴィデンス（Evidence），そして理由付け（Reasoning）の順序の構造とか，あるいは「E&E構造」，すなわち，エヴィデンス（Evidence），そして詳細説明（Elaboration）の順序の構造とか，あるいはそれに似た構造モデルを使用することがよくあります．

　しかし，それらの構造における「分析」，「理由付け」，「詳細説明」は，生徒がルーブリック（作文心得）を学んでいたとしても，作文で失敗することが多い部分です．

　これらに引き換え「ドゥロー・シー（DRAAW+C）」のフォーマットは，高レヴェルの分析的文章の作成で生徒を導くのに役立ちます．このドゥロー・シー・フォーマットを文章の構造モデルとして適用することによって，分析の基本的な枠組みを生徒たちがマッスル・メモリィとして獲得するのに役立つような，明解なテンプレートを提供することができます．

　このドゥロー・シーの文章構造を試すために，次のような物議を醸すであろうと思われる質問を使用してみます．「大学に所属する学生アスリートは報酬を支払われるべきか？ なぜ支払われるべきなのか，または，なぜ支払われるべきではないのか？ 説明せよ．」

　ドゥロー・シー・フォーマットに戻って考えると，生徒には，根拠となる「R-ルール／法」によって指示される明確な「D-判断」，少なくとも２つの側面（ここでは報酬の有無）の「A-主張」，（それぞれの主張に従うとしたら）「W-世界」はどのようになるか？ という法政策・公共政策からの帰結を巡る議論，そしてこれらを俯瞰的に見て得られた「C-結論」という構造で文章を作成させます．

　これらの一連の流れを知っていれば，次のような穴あき文を設定できます．

D-判断：大学生アスリートは，（Y）報酬を支払われるべきである／（N）報酬を支払われるべきではない（一方を丸で囲む）.

R-ルール：大学生アスリートは，[＿＿＿＿＿＿＿＿＿＿＿＿]（大学生アスリートがプレイすることで利益を得ることが，法的に認められる場合の，その方法を定義している現在のルールを説明する）.

A-議論：大学生アスリートは，[＿＿＿＿＿＿＿＿＿＿＿＿]（あなたの判断を裏付ける説得力のある理由を記す）の理由で，報酬を [＿＿＿＿＿＿＿＿＿＿＿]（あなたの上記Dでの選択を再記入する）.

A-議論：一方，大学生アスリートは [＿＿＿＿＿＿＿＿＿＿＿]（Dでのあなたの判断に反対する内容の判断を記入する）と主張する者もいるであろう，なぜならば [＿＿＿＿＿＿＿＿＿＿＿]（反対側の判断を裏付ける説得力のある理由を記す）だからである.

W-世界（政策）：大学生アスリートは [＿＿＿＿＿＿＿＿＿＿＿]（Dであなたが選択しなかった選択肢を再記入する）とすると，これでは [＿＿＿＿＿＿＿＿＿＿＿]（起こりうるマイナスの帰結を説明する）につながる可能性がある.

C-結論：したがって，大学生アスリートは [＿＿＿＿＿＿＿＿＿＿＿]（Dでのあなたの選択を繰り返す）.

　この文章構造を，この章の前半で示したギャンブルの例（ギャンブラーにとって，賭のオッズと生起確率とでは，どちらを知っている方がよいか？）に適用すると，次のようになります.

D-判断：もし私がギャンブラーだったら，賭の [＿＿＿＿＿＿＿＿＿＿＿]（オッズまたは生起確率を記入する）を知りたい.

R-ルール：[＿＿＿＿＿＿＿＿＿＿＿]（ルール・法則を記入する）によって，賭のオッズは決まる．賭事象の生起確率は，[＿＿＿＿＿＿＿＿＿＿＿]（ルール・法則を記入する）によって決まる.

A-議論：ギャンブラーだったら，私は [＿＿＿＿＿＿＿＿＿＿＿]（この値を知ることの方が，より簡単またはより役立つ理由を記入する）という理由で，賭の [＿＿＿＿＿＿＿＿＿＿＿]（Dであなたが選択した回答を記入する）を知りたいと思う.

A-議論：[＿＿＿＿＿＿＿＿＿＿＿]（この値を知ることの方が，より簡単ま

たはより役立つ理由を記入する）という理由で，賭の　[＿＿＿＿＿＿＿＿
　　　　＿＿］（Dであなたが選択した回答を記入する）を知りたいと思う人も
　いるかもしれない.

　　W-世界（政策）：ギャンブラーが賭けの　[＿＿＿＿＿＿＿＿＿＿]（Dで
　　あなたが選択した回答を記入する）の代わりに，賭の　[＿＿＿＿＿＿
　　　　＿＿］（Dであなたが選択しなかった回答を記入する）を使用しなければ
　　ならなかった場合，それは　[＿＿＿＿＿＿＿＿＿＿]（起こりうるマイ
　　ナスの帰結を説明する）につながるであろう.

　　C-結論：したがって，もし私がギャンブラーだったら，賭の　[＿＿＿＿＿
　　　　＿＿＿＿］（Dでのあなたの選択を繰り返す）を知りたいと思う.

　このような穴あき文を埋めさせる際には，いくつかの重要な注意
点があります.

　◎　すべての生徒が穴あき文の利用を必要とするわけではありません.
　　穴あき文を埋めさせることを通じて，ルーブリック（作文心得）が期待
する文章を書くにはどういう手順を具体的に踏めばよいかが，生徒にわ
かるというのが原則です.
　　しかし，よくできる生徒の場合は，穴あき文を埋めさせることなく，
初めから作文をさせてもいいし，初めは使ったとしても，すぐにそこか
ら離れて自由に作文させてもいいのです.
　　また，生徒の習熟度に応じて，穴あき文を埋めさせる方法よりも緩い
枠組みを用いたり，逆に，より厳密に構造化された方法を用いるなど，
自由に使い分けてもよいでしょう.

　◎　穴あき文を埋めさせる作業は，段階的に減らしていくことができます
し，そうすべきです.
　　穴あき文を埋めさせる方法から，徐々に自由度を高めて生徒の自主性
に委ねていく一環として，新しいタイプの作文課題に進むときだけ，穴
あき文を埋めさせる方法を使うのも手です.
　　時間をかけて段階的に自由度を高めてゆくことで，穴あき文を埋める
ことに生徒が依存し過ぎないようにできます.

◎ 穴あき文を埋めさせる方法は，幅広い目的に使えます．

　先程は，ドゥロー・シー（DRAAW+C）による分析を教えるために，穴あき文を埋めさせる方法を用いた例を2つ挙げました．

　しかし，穴あき文を埋めさせる方法は以下の例のように，あらゆる種類の作文課題において，期待通りの文章を生徒が書けるようになるために使うことができます．

☆ テストの誤答訂正

　この問題で私が間違ってしまったのは，[＿＿＿＿＿＿＿＿＿＿＿]（あなたの間違いを説明する）のためだ．

　これを訂正するために私は，[＿＿＿＿＿＿＿＿＿＿]（どのように訂正したかを説明する）をした．

☆ エヴィデンス・ベースの分析

　著者は，[＿＿＿＿＿＿＿＿＿＿＿]ページ（引用元のページ番号を記入する）で次のように主張している．

[＿＿＿＿＿＿＿＿＿＿]（著者の主張を説明する）．

　これが私の主張 [＿＿＿＿＿＿＿＿＿＿]（あなたの主張を繰り返す）のエヴィデンス（論拠・裏付け）となる．なぜなら [＿＿＿＿＿＿＿＿＿]（なぜ，そのエヴィデンスがあなたの主張の論拠・裏付けとなるのかを説明する）であるからだ．

☆ 比較と対比

　[＿＿＿＿＿＿＿＿＿＿]（項目1を記入する）と [＿＿＿＿＿＿＿＿＿＿]（項目2を記入する）は似ている．なぜなら [＿＿＿＿＿＿＿＿＿＿]（両者の共通点を説明する）であるからだ．

➡ グループ・ワークのためのルーブリックと模範演技グループ方式 ⬅

　生徒を少人数のグループに分けて作業させることは，多くの場合，生徒に授業にやる気を持って取り組ませるための標準的手法です．

　しかし，このようなグループ・ワークで生徒たちが実際に学び取っているかどうかは，しばしば不確実なものでしかないのが実情です．

教師として私たちは，効果的に機能しているグループ・ワークがどのようなものかを，直感的には理解しています．

　しかし，生徒たちもそれを理解していると前提してはならないのです．

　グループ・ワークは，明確なフレームワークを生徒たちに提供する良い機会です．

　効果的なグループ・ワークとは何か，についての定義を，各人の解釈に委ねる代わりに，端的に定義してみましょう．**図表19**は，「参加」，「時間管理」，および「協力の効果」の３つのカテゴリーに基づいて作成した，グループ・ワークの有効性を評価するための簡単なルーブリック（評価シート）です．

　ここで注意してほしいことは，このルーブリック（評価シート）による評価の際には，タスク（課題）以外の活動をしたことで減点してはならない点です．

　生徒がグループ内で笑ったり，打ち解けて雑談したり，適当に余談にわたったりするのは構わないのです．

　本当に重要なことは，グループのメンバー全員がタスクに参加して貢献し合うことです．

　だからといって，これは，１人が書記役，１人がタイム・キーパー役，そしてもう１人が発表者の役になるというように，別々の役を分担するということではありません．

　グループのメンバー全員が，有益なアイデアを出したり，有益な質問をしたりして，グループ・ワークに貢献し合うということです．

　時間も効果的に管理する必要があります．このことは，グループに所属するメンバー全員が，グループで処理しなければならないタ

	1点	2点	3点
参加の程度	グループ・メンバーの中に，グループに対して何のアイデアや質問も出さなかった者が1人以上いた場合．	すべてのグループ・メンバーがアイデアや質問をしたにはしたが，ほとんど貢献がなかった者が1人以上いた場合．	すべてのグループ・メンバーが，有益な質問をしたり，有益なアイデアを出したりした場合．
時間管理の巧拙	グループ・タスクの中の重要な課題を1つ以上完了できなかった場合．	グループ・タスクのすべての課題を一応は完了したが，そのうちの重要な課題の中に十分な時間をほとんどかけられなかったものが1つ以上あった場合．	グループ・タスクのすべての課題を徹底的にやり遂げた場合．
協力の効果の程度	結果が本当にうまくゆくのかについて疑問を投げかける者も，他の視角を提起する者も出てこないままにタスクが終了した場合．	グループ・メンバーの中に，結果が本当にうまくゆくのかについて真剣な疑問を投げかけたり，あるいは別の重要な視角を真剣に提起した者が1人以上いたが，それらの疑問や視角が最終の結論には反映されなかった場合．	グループ・メンバーの中に，結果が本当にうまくゆくのかについて真剣な疑問を投げかけたり，あるいは別の重要な視角を真剣に提起した者が1人以上いて，かつ最終の結論にそれらが十分に反映された場合．

スク（課題）のすべての部分を完全に完了することを意味します．

　効果的な時間管理には，その他の多くのスキルと戦略が必要ですが，グループ・ワークではとりわけそうです．グループがすべてのタスクを完全に完了すると期待することは，基準を高く設定することを意味し，与えられた制限時間内にタスクを完了することに生徒が焦点を合わせる必要性も高めることになります．

　最後に，グループは，個々のメンバーの単なる和よりも大きい成

果をもたらさなければなりません.「協力の効果が出ること（Better Together）」は, 21世紀の学習指導にとって, タイムリーな指標となるものです.

　結果が本当にうまくゆくのかについての疑問や, 別の重要な視角が提起され, それらをグループのメンバーが結論に反映させることができたということは, 生徒たちがお互いに, 理解してもらえるよう効果的に話し, 理解しようと熱心に聞いていたということです.

　これを通じて生徒たちは, 感情的になることなく意見をぶつけ合う（人ではなく考えを相手として議論する）という重要なマインドセットを習慣として身につけるようになります.

　クラスでグループ・ワークの手法を使い始めたばかりの先生にとっても, あるいは, 今までずっと利用してきたグループ・ワークをもっと高めたい先生にとっても, 効果的なグループ・ワークのモデルとして「模範演技グループ方式[60]」を使ってみると効果的でしょう.

　つまり, 効果的なグループ・ワーク用のルーブリック（評価シート）を教室の生徒たち全員に与え（**図表19**を参照）, 1つのグループを選んで（模範演技グループ）, 他の生徒全員の前で5分間の短いタスクを実演させる方法です.

　実演の後, 模範演技グループを含むクラスの全員に, 模範演技グループのグループ・ワークを評価させます.

　評価を生徒たちが終えたら, まず模範演技グループのメンバーに, 自己評価を発表してもらいます. 次に, クラスの残りの生徒たちに評価を発表してもらいます.

　模範演技グループのグループ・ワークの有効性についての採点結

---

60 ［訳注］原語はFishbowlで金魚鉢を意味する. 皆が鉢を取り囲んで中の金魚の様子を観察するイメージである.「模範」と意訳したが, 模範的な優秀な生徒を選ぶ必要はない.

果とその理由とを発表し合うことで，当該グループ・ワークで修得が期待されている内容について，生徒たちは実感を持ってよりよく身につけることができます．

　そして，それは，教室での学習やその後の人生で成功するのに役立つものとなるでしょう．

➡ 熟議のルール ⬅

　「ディベート」という言葉を聞いたとき，生徒たちが通常思い浮かべるのは何でしょうか？　ケーブル・ニュース番組やスポーツ専門チャンネル，理髪店や美容院，休日の家族との夕食会などで目にするのと同じことを，生徒たちは思い浮かべるでしょう．すなわち，討論，討論，さらに討論，です．

　この本で提供しているさまざまなクリティカル・シンキングの方法を，生徒たちが自由に活用できるためには，安全で思慮深い議論の場を作らなくてはなりません．そのためには，熟議のルールが役に立ちます．

　学校の場での言論の自由に関するデリケートな問題を生徒が分析する場合でも，「大きな悪いオオカミ」という悪役には本質的な意味での悪性があるかどうかを生徒が考察する場合でも，そのための明確なガイドラインがなければ議論は手に負えないものになる可能性があります．

　以下は，生徒たちに教えるべき市民的議論のための 5 つの熟議のルールです．なお，必要に応じて，このリストの内容を変更したり，項目を追加したりすることが必要です．

　　○ 相手の人格ではなく，意見を批判する
　　　生徒は，反対の意見の人を悪者扱いすることなく，お互いの意見そのものを相手とするのでなければなりません．人ではなく意見を批判する

文化が発達すれば，生徒は自分の考えを表明することをより安全に感じ，異なる意見に対しても心がより広くなり，思考が柔軟になります．

○「私は，…」という形式の文を使用する

　（たとえば，「人々は，…と考える」，「我々は，…と考える」，「あなたは，…と考える」ではなく，「私は，…と考える」や「私は，…に反対する」という形式を使う）．

　たとえば，「大学生アスリートに報酬を支払うべきだ，というコリン・シール氏の主張に，私は同意できない」という言い方ならば，「大学生アスリートに報酬を支払うべきだ，というコリン・シール氏の主張は間違っている」と言う場合よりも，はるかに角が取れて良い響きがするでしょう．

　どちらの発言も，「私（著者のコリン・シール）の主張」を取り出したものであり，私個人の人格を取り出したものではありませんが，2つ目の例のように「私は」を省略すると，より断定的な宣言のようになり，私コリン・シールとしては身構えた守りの姿勢にならざるを得なくなって，相手の理由付けに耳を傾けようとしなくなります．

○ 途中で相手を遮らない

　他者の発言に絶えず割り込んで来る人は，自分が他者の意見を聞くことにほとんどまたはまったく興味がない人間であることを宣言しているようなものです．

　自分の次の議論にあまりにも執着しすぎて，他の人が発言を完了する前から遮って口を挟む人がいる場合，礼儀正しく冷静に議論することがほとんどできなくなってしまいます．

○ 意見の不一致を認め合う

　相手と合意できなくても問題ありません．実際のところ，人格的な嫌悪感を抱き合うことなく，意見を異にする人たちが冷静に議論できるということは，その人たちの知的成熟度がとても高いことの証拠なのです．

○ 賛成できない場合でも，相手に耳を傾ける

　意見の相違があることの方がむしろ正常です．

　しかし，他の人と意見が異なる場合で，それでも，その問題に対する

他者の見方が自分のそれと異なっていることの理由を理解できるほどの感情的知性[61]を議論参加者が持っている場合は稀でしかありません.

　理解は聞くことから始まるのです. 生徒たちが, お互いに理解し合えるように話し, お互いに相手の話に耳を傾け合う議論環境は, そうでない議論環境よりも, はるかに効果的な市民的議論, すなわち熟議となります.

　議論のための実用的なルールがなければ, 理解しようと他者の意見に耳を傾け, 理解してもらえるように話すという習慣を生徒たちが身につけることは難しくなります.

　感情的になることなく異なる意見をぶつけ合うことができるという特性は, 教科の内容と同じように, 生徒たちに教師が教えるべきもので, 生徒の模範とされるべきであり, 生徒たちに習得させなければならないものです.

　法教育プログラム（thinkLaw）でクリティカル・シンキング教育の効果を最大化させるために, 教師が教育指導の枠組みを明示的な形で構築でき, 教育現場で実践できるような有用な教育方法を十全に論じ尽くすには, おそらく一冊の書物を丸ごと費やさなくては書ききれるものではないでしょう.

　本章の目的は, 有用な教育方法を十全に論じ尽くすことではなく, 音楽教師が音楽演奏を教える前にリズムをまず取らせることで, 音楽の基礎を生徒の体に滲み込ませるように, 必要なクリティカル・シンキングのスキルとマインドセットとを, 生徒たちが自らの中に育ててゆくように導くための教育方法の基礎を提供することだったのです.

61　[訳注]「感情的知性」とは心理学の専門用語で, 感情と理性をうまくブレンドして, そのバランスの上で効果的に思考することができる能力を指す.

第 13 章

やる気が空回りしないようにするには？

　「生徒たちにはやる気がない」というのは，多くの挫折した学校管理職や教師の嘆きです．

　良い授業とはどのようなものかをイメージしようとするとき，私たちはともすると，次のような生徒を目に浮かべます．すなわち，乗り出すように椅子に座り，学習意欲満々で，授業に積極的に参加し，グループ・ワークも熱中し，額に汗を流し，軽快に笑い，びっくりさせるほどの大声でアハ体験[62]を発している，そういった光景を思い浮かべます．

　しかし，学校から家に帰ってきて「今日はすごいワークシートをやったよ」などと親に言う生徒などいた試しがありません．

　だからこそ私たち教師は，生徒がやる気を持って授業に取り組むことを過剰に重視しがちなのです．

　この章での私の目的は，生徒のやる気を重視することに反対することではありません．生徒たちの学習へのやる気は重視するべきです．私が反対するのは，やる気のためだけのやる気重視に対してです．

　次の例を見れば，この区別がなぜそれほど重要なのかがわかるでしょう．

---

62 ［訳注］ユーリカ体験，発見体験とも呼ばれる．気付きの瞬間，問題の解法にひらめいた瞬間など「そうか，わかったぞ！」という体験を指す．

メイヤー・レヴィン中学校，ないしニュー・ヨーク市教育局が好む呼び方でのI.S.285は，私の人生で絶対的に最高の教育を体験させてくれました．私は変り者だったかもしれませんが，その中学校での生活が，子どもが夢見る最高の時間を提供してくれたと思いました．

6年生のときの算数の先生は，私に算数の本当の楽しさを教えてくれたので，私はニュー・ヨーク市のブルックリンにあるメイヤー・レヴィン中学校では，算数チームの一番優秀なメンバーになりました．

そこで，私自身も算数の先生になろうと決心しました．そして，大学卒業後に学校訪問で先生方に会う時間ができたとき，当時は数学担当主任になっていたウィリアムズ先生を訪問しました．

算数のクラスを，ものすごく楽しくて，喜びに溢れ，ワクワクするような授業にしたいという私の将来の夢や，私が考えていたプロジェクト・ベースの学習テーマの素晴らしさについてウィリアムズ先生にお話ししました．

しかし，私が将来の新人教師賞の受賞スピーチとしてすでに考えている内容をお話しようと話を先に進める前に，ウィリアムズ先生は私の話を遮って，「見せたいものがあるからついていらっしゃい」と言いました（中学校の時の先生に何かしなさいと言われたら，大人になってからであっても，基本的に言うことを聞くしかないでしょう）．

ウィリアムズ先生は，私が知っておくべきだと思う最も重要な教訓を教えようとしていたのです．すなわち，生徒のやる気は，生徒の学習達成とイコールではない，という教訓でした．

確かに，生徒が学ぶためにはある程度以上のやる気を持って授業に取り組むことが必要です．ですが，やる気のためだけのやる気で

は空回りして，必ずしも有意味な学習達成につながるとは限らないのです．

　私は，そのときウィリアムズ先生が何を言っているのかまったくわかりませんでした．しかし，その日，同じ学年のクラスで平均値についての授業をしていた2人の算数の教師の様子をウィリアムズ先生と一緒に観察して，その意味がわかりました．

　A先生は，どの生徒からも好かれる教師でした．

　彼女の授業は生き生きとしていて，活気にあふれ，グループ・ワークや生徒の参加もすごく盛んでした．A先生のクラスのワクワクする雰囲気は手にとるようにわかり，校長先生が自分の学校にいて欲しいと夢見るタイプの教師であると想像できるほどでした．

　しかし，A先生のクラスには楽しさを増すものがたくさんあるにもかかわらず，私がグループ・ワークで観察した生徒たちの答えの多くは間違いだらけでした．

　私が新米教師として見学していることを知っていた何人かの生徒たちは，授業が終了して教室を出ていく際に「あなたもA先生のように教えるべきですよ」と言いました．それにもかかわらず，結局のところA先生の生徒たちは授業の本来の目的である平均値の計算を真には理解しないまま授業を終えてしまっていたのです．

　それに対して，B先生のクラスはまったく違っていました．

　彼女はエネルギーをもっと内に秘めていたので，すぐに「すごい！」と思わせるようなところはありませんでした．

　B先生は授業の冒頭で，アパルトヘイト時代の南アフリカの政府高官にリポーターがインタヴューしたテレビ・ニュース番組「60ミニッツ」を見たときのことを話しました．

最初は私でさえも、「今は2004年で、ここはニュー・ヨーク市ブルックリンのイースト・フラットブッシュ地区だ。……なぜ彼女はこんな無関係な話を生徒たちに聞かせたりするのだろうか？」と思ってしまいました。

　しかし、彼女は続けて次のように話しました。リポーターが南アフリカの驚くべき所得格差の大きさについて質問したとき、南アフリカの政府高官が「でも、南アフリカ国民の平均所得は世界で最も高い部類に入りますよ。」と言い逃れをしたのです。

　リポーターの次の関連質問を受けたとき、その政府高官はそれ以上何も言い逃れができなくなりました。B先生がその質問内容をクラスのみんなに話した途端、教室にいたすべての生徒たちに形而上学的な変化をもたらしました。

　その質問とは「あなたの片足が熱湯の入ったバケツの中で、もう片方の足が氷水の入ったバケツの中に入っているとします。そのとき、平均すれば、あなたは快適に感じるのですか？」です。

　バケツの氷水を浴びたときのように、ある気づきが私を襲いました。

　すなわち、最高の教師とは、生徒たちを魅了して学習へのやる気を出させることができるだけではなく、取り組んだ学習で生徒たちが学ぶべきことを正しく修得できるように持って行くことができる人である、という気づきです。

　法教育プログラム（thinkLaw）の布教活動をする中で、私は生徒の学習意欲と学習効果は別物であるという、否定し難い事実をより深く理解するようになりました。

　学習へのやる気を高めることと、学習成果という目的を持った授業計画は密接に関係していることは確かです。両方がなければ、生

徒たちをその日の目標達成に導くことはできません.

　B先生の授業がうまくいったのは，生徒たちの内発的動機付けを呼び起こすことができたからです．つまり，正義と公平という中核的問題を中心に授業を進めたので，生徒たちは平均値についてもっと知りたいと，興味を持つようになったのです．

　また，B先生がバケツの比喩を用いて説明したことで，生徒たちは平均についてのより直感的な理解を得ることができ，平均値の計算式に沿って計算をするよりも前に，平均に関する問題の答えを推定することができるようになったのです．

　生徒たちの学習へのやる気を高める授業を設計しようとするとき，やる気は戦いのまだ半分に過ぎないことを忘れてはなりません．

　生徒たちの潜在能力を最大限に引き出すためには，生徒の主体性を引き出してやる気を出させることと，学習効果という目的に焦点を当てることとを組み合わせる必要があるのです．

第 14 章

クリティカル・シンキング：
教育現場での決め球！

　法教育プログラム（thinkLaw）は，裁判において非常にうまく機能するものです．

　その理由の1つは，法廷では誰も勝手に話すことが許されず，法廷内のすべての人が極度の敬意を持って裁判官に対応する必要があり，裁判所の規則に従わない人は誰でも裁判所侮辱罪[63]に問われ，手錠をかけられて法廷から連れ出される可能性がある，ということのためだろうと思います．

　ただし，実際の教室ではこのようには機能しませんし，機能するべきでもないでしょう．

　クリティカル・シンキングを毎日の授業に取り入れることは，態度の悪い問題児の行動に対処しなければならない場合に，大きな問題に直面することになりえます．

　教師ならば「あの生徒」と思い当たる子どもがいるものです．す

63　[訳注] 裁判所侮辱罪は，裁判所・裁判官の権威を傷つけたり，裁判所・裁判官の命令に従わなかったりした者に，裁判長が制裁を科す制度である．民事裁判所侮辱罪は，命令に従うまで制裁金が科される間接強制である．刑事裁判所侮辱罪は，刑務所への拘禁や制裁金を科す直接強制である．裁判所侮辱罪による制裁は，当該裁判審理を主宰する裁判長が職権で科すことができる．英米法の国に特徴的な法制度であり，裁判官に非常に大きな権力を与える制度となっている．これに対し，日本に裁判所侮辱罪は存在しないが，裁判所には「法廷等の秩序維持に関する法律」による制裁を簡易な手続によって科す権能が与えられている．

なわち，生まれながらの優秀なリーダーであり，革新者であり，驚くべき問題解決者であるような生徒で，そうであるにもかかわらず同時に，頻繁に懲戒処分を受けたり，居残りの罰を受けたり，校長室へ呼び出されて説教されたりするような問題児のことです。

しかし，生徒が一般的に受けている教師主導かつ内容重視型の教育指導に，とりわけテスト期間中のそれに照らせば，賢くてエネルギッシュな生徒がときどき問題行動をしでかし，効果的な授業運営に困難をもたらすことは驚くべきことではありません。

この章では，授業の妨げになる問題児でよく目にするような生徒に対処するための積極的な教室運営ツールとして，クリティカル・シンキングを活用する4つの強力で実用的な戦略を紹介します。

■▶ 私語をする生徒：戦わず，むしろ引き込むようにする ◀■

課題以外についての生徒の過剰な私語は，有意義な学習環境に混乱をもたらすものの中で，おそらく最も一般的なものでしょう。

私語をする生徒を睨みつけたり，「おしゃべりが終わるまで待ってますよ」という，生徒にとってつらくなることを言ったり（私は教師としてこのフレーズを絶対に使用しないと誓ったのですが，ときどき使ってしまいます），あるいは，生徒たちの話したいという自然な傾向に対してその他の制裁を科したりする代わりに，教師としては，生徒たちが授業の課題について話さざるをえなくなるような機会をいくつも設けるとよいでしょう。

正義と公平に関する問題や，ディベートを含む学習活動に対してなら，ほとんどすべての生徒は引き込まれるものです。これは，自分の意見を述べる機会を生徒たちが切望しているからです。そうならば，生徒たちの発言機会の多い学習活動をデザインしてみればいいのです。

理科の授業の場合，進化論についての見解や，地球が丸いかどうかについてなら，生徒たちは再検討し議論したくなるでしょう．算数の場合，問題の間違った答えを2つ見たら，生徒たちはどちらの間違いの方が評価に値するかを議論したくなるでしょう．

生徒の私語に対しては，戦うのではなく，逆手にとって会話形の授業にうまく引き込むようにするべきです．

▶▶ 体を動かす：身体運動とクリティカル・シンキングを組み合わせる ◀◀

教室運営に積極的に取り組むためのもうひとつの戦略は，身体運動とクリティカル・シンキングを組み合わせることです．

学校教育においては，体を動かすことが生徒の学習にとって重要であることを認識するまでに長い道のりがかかりました．それでもなお多くの教師たちは，生徒が頻繁に席を離れたり，あるいはその他の方法で，授業の円滑な運営を物理的に妨げることに依然として苦労しています．

授業に「身体運動」を意図的に組み込むことで，この問題に積極的に対処できます．

たとえば，生徒の意見調査として，教室の各所を種々の「意見の場所」と指定し，生徒には自分の意見の場所に移動することで投票させるのです．意見が変わった場合は，生徒は自由に新しい意見の場所に移動できるようにします．

また別の方法としては，楽しいダンス・ヴィデオを使って，踊りながら生徒が幾何学の用語を覚えられるようにするのもよいでしょう．

学習内容だけを長い塊として教えるより他ないような場合は，古くからの常套手段ですが，体の筋を伸ばす柔軟体操（ストレッチ）の時間を挟み込んで，生徒の活力を漲らせれば，学習内容がよりよく頭に吸収されるようにできます．

■▶ 共感によってポジティヴな学級文化を構築する ◀■

　いじめやその他の反社会的行動は，安全で生産的な学習環境に対する脅威として教師が直面するものの中で最も深刻なものです．

　いじめ防止プログラムや「社会性と情動の学習プログラム（SEL）」には強力なものもたくさんあり，これらの問題に対する取り組みとして素晴らしい成果を上げています．

　他方，教師たちの方も，指導方法の範囲内でも，これらの問題に取り組む方策を持っているものです．

　どの州にも，「国語教育指導要領（ELA Standard）」が各学年で定められており，そこでは，話すこと，聞くこと，そして話し手の目的や見解を理解するために質問することに関する事項が規定されています．

　「次世代のための理科指導要領」においてさえも，生徒たちが多角的視点から議論できること，および，お互いを尊重しつつ相互に批判のやり取りができるようになることを求めています．

　明確な正解も誤答もない問いで授業を構成すること，とりわけ「あなただったらどうする？」というような問いで授業を構成することは，生徒たちが他の人の立場に立って考え，異なる視点を持てるようになることを促すものであり，生徒たちに共感を修得させるための有意義な方法です．

■▶ 授業を妨げる生徒を授業の革新者として捉え直す ◀■

　教師が学級運営を改善するために，教育用道具箱から最初に取り出して使うべきものは，生徒たちに授業へのやる気を出させ，厳密に整備されたクリティカル・シンキングを習得させるための「より深い学習指導法」です．

　この章では，「問題の生徒」の心に届くために使える，すべての

指導戦略の中の，ほんの数例を紹介するに過ぎません．

　私たち教師は，制裁によるしつけを教育においてどう扱うか，という深刻な問題を抱えています．

　有色人種の生徒に対する格差や，ゼロ・トレランス・ポリシー[64]の意図しない（あるいはたぶん意図した）結果について耳にすることが多いですが，ここで私が問題にするのは，そのような不正義についてではありません．

　私が問題にするのは，21世紀に必要とされるリーダーとなるべき資質を持っていると私が確信している生徒たちを教育する上で，教師はどのような指導をすることがベストなのか，という課題です．

　もしこれを正しく行うことができれば，今日の「悪い問題児」こそが，将来へと私たちを導く上で必要とされる驚異的リーダーに容易になれる生徒であると分かるでしょう．

　私はこの３年間で100回以上もの教育者の会合に出席し，リーダーシップについて多くのことを耳にしました．

　リーダーとは，世の中の流れに逆らう者たちのことです．

　リーダーとは，自分自身の内なる太鼓の音に合わせて前進できる者たちのことです．

　リーダーとは，他者から許可をえて行動する者ではなく，自ら行動し，何かあれば許しを請う者たちのことです．

　リーダーとは，規則を無視する者たちのことです．

　リーダーとは，ルールを守ろうとするよりも，むしろゲームのルールの方を変える者たちのことです．

　実際にも，私たちは，ビジネスや産業界で最も革新的な人々を業

---

64 ［訳注］一度非行をしたら，宥恕の余地なく即処罰する懲罰政策を意味する．

界慣行の「破壊者」と呼んで称賛します.

　リーダーについての上記の描写が「悪い問題児」にもすべて当てはまることを考えれば，私たちの懲戒処分の実務では，潜在的な偉大さを持つ多くの生徒たちの芽を摘んでしまっていると，認めざるをえないでしょう.

　ここで私が明確にしておきたいことは，何らの構造も結果への責任もなく，好き勝手なことを生徒たちがしている混乱状態の学級では，生徒たちは何も学ぶことができないと，私も十分に理解している点です.

　私は決して，学校がゼロ・トレランス・ポリシーと正反対の政策を採用して，自由放任の授業運営をすることを提唱しているのではありません.

　しかしここで，いつも問題を起こす生徒を「悪い子」と捉えるのではなく，そのリーダーシップの可能性に目を向け，その潜在能力を発揮させるという教育者の責任，それがいかに困難であろうと，そういう責任を教師が負うような世界を想像してみて下さい.

　21世紀を先導するリーダーシップを潜在的に持っている生徒たちの能力を最大限に引き出す鍵のひとつは，生徒のクリティカル・シンキングの潜在能力を活用することです.

　たとえば，2017年に法教育プログラムの私の組織は，「マイリー・アチーヴメント・センター」と提携しましたが，このセンターはネヴァダ州ラス・ヴェガス市のクラーク・カウンティ学区にある学校で，重度の非行による懲戒処分のために元の学校に長期間戻ることができなくなった生徒たちが主として通う学校です.

　表面的には，このセンターの生徒たちは，現実の訴訟事件を通じてクリティカル・シンキングを学ぶプログラムに通常参加するよう

な生徒たちとは似ても似つかないように思われるでしょう.

　というのも, このようなプログラムでの指導は, 特異な才能のある生徒やアドバンスト・プレースメントの飛び級クラスの生徒, そして, 成績優秀者クラスの生徒のためと一般には考えられているからです.

　しかし現実には,「悪い問題児」ないし私が「創造的授業破壊者」と呼ぶ生徒たちこそ, クリティカル・シンキングに挑戦することで特に成長することができる能力を持っているのです.

　マイリー・アチーヴメント・センターの副校長ゴードン・スチュワート氏によると, 法教育プログラム (thinkLaw) による授業は,「生徒たちにクリティカル・シンキングに取り組ませる上で他に例がないほどうまく行っている. その理由としてはとりわけ, センターの生徒たちの多くがこれまですでにグレー・ゾーンについて考えることに多くの時間を費やしてきているからであろう.」(2018年9月11日付けの私信) とのことでした.

　言い換えれば, 話すことが奨励され, 動機付けが内発的であり, 生徒が自分のいわゆる「破壊的傾向」を発揮することが, 学習プロセス上認められるものとなるような学習空間を作れば, 教師も生徒もウィン・ウィンとなるのです.

　しかし, 教師たちには, 破壊者を肯定的に捉え直すことがなかなかできないのです.

　その理由のひとつは, 教育者が以下の質問に対してよくする回答で説明することができると思います.

　「あなたは自分のことを『良い生徒』だったと思いますか, それとも『悪い生徒』だったと思いますか?」

　私は, 全米各地で開催したクリティカル・シンキングのワークショップで, 何千人もの教師にこの質問を行いました. すると,

80％以上の教師たちが，自分はルールを守る「良い生徒」だったのであり，めったに問題を起こさない生徒であったと答えたのです．

私自身は，子どもの頃から残りの20％の「悪い生徒」の方に属して来ました．

しかし，私はとても幸運だったのです．というのも，まだとても幼い頃に，ある教師補助員が私の愚かさの裏に可能性を見抜き，別の地区の英才教育プログラムに参加するためのテストを受けさせるよう母を説得してくれたからです．

英才教育プログラムに入ると，私に驚くべきことが起こったのです．

私語をしたり，口論をしたり，無断で席を立ったり，大笑いしたり（そう，これは問題です），「知ったかぶりの質問」をしたりと（これも問題です），およそ問題児とされるような行動をしても，特異な才能ある生徒のための英才教育クラスでは，逆に褒められたのです．

実際，私のいたクラスはいつも騒がしく，混沌としていました．おそらくそれは，黒板の前に立っている教師が，すべての生徒には一人残らず，厳密に整備されやる気を起こさせる授業内容の挑戦に応え，習得する能力があると前提して授業を進めていたからでしょう．

教師の側の偏見によって「破壊者」を見ないでほしいものです．

その代わりに，生まれついてのリーダーたる資質を持つこれらの生徒たちが，その持つ無限の潜在能力を発揮するようになる方策を模索してほしいのです．そして，これらの生徒たちを支配し，従わせようとはしないで下さい．

第15章

単なる試験勉強を超える：
「テスト勉強」を逆手に取ろう！

「私は生徒たちのやる気に火をつける素晴らしいプロジェクト・ベースの学習法のアイデアをいくつも持っている．テストが済んでから，それらを実行するのが待ちきれない！」

これに身に覚えがある場合，教師のあなたは，重要な試験までに，信じられないほどの量の内容を教えなければならないというプレッシャーを直接経験したことがあるはずです．

あまりにも多くの場合，このプレッシャーのために，教師にとっても生徒にとっても学習がつまらないものになってしまいます．

しかし，そうしなくても済むのだったらどうでしょうか？

本書の読者の中には，おそらくこの章を飛ばしたいと思う人がいるかもしれません．

説明責任を強く追及する時代の風潮のおかげで，そして統一試験のプレッシャーのために，教育現場は息をつくこともできないような空間になってしまっています．

優れた教師も，テスト成績のプレッシャーのために，自分では良い教育だと考える指導方法を脇に追いやらざるをえないとき，裏切られたと感じるものです．そうして，テストのためだけに教えるという無味乾燥なプロセスをするようになってしまいます．

その気持は私にも痛いほどよく分かります．

しかし，テストに関しては，公平性が問題とされるべきなのに，

教師たちがそのことを理解しているかどうか疑問に思うことがよくあります。

　私が公平性とテストについて語るとき，私は，テストが文化的に偏っていることを示す山のような証拠のことや，低所得者やマイノリティの学生がこれらの試験の結果が不釣り合いに悪いことについて問題にしているのではありません。

　そうではなく，私は結果の公平性について問題にしているのです。

　教育が貧困の悪循環を断ち切ることによって，生徒たちの持つ多様な機会（チャンス）を拡げるべきであると本当に信じるのであれば，試験で良い成績を収めることも重要であると認めるべきです。

　弁護士になるにはロー・スクール統一入学試験（LSAT）を受けてロー・スクールに入り，卒業後，司法試験（Bar Examination）を受けて合格する必要があります。⁶⁵

　医師になるには，医学大学院入学試験（MCAT）を受けてメディカル・スクールに入って卒業し，⁶⁶米国医師資格試験（USMLE）に合格して医師の資格が取得できます。さらに特定の医療分野の専門医となるには，それぞれの専門医療理事会による試験（Board Exam）を受けなければなりません。

65　[訳注] 米国の大学には法学部がなく，経済学部等の多様な学部を卒業して，大学院レヴェルのロー・スクールに入る。よってLSATは法的知識や法学の能力を試験するのではなく，読解力，論理的，推論能力などロー・スクールの学習に必要な能力を試すものである。LSAC (Law School Admission Council) が全米のロー・スクールのために実施する。
　　　米国の司法試験は州ごとに実施され，連邦制なので原則として合格した州の法曹資格を取得できる。全米で通用する法曹資格というものは存在しないが，州と州の取り決めによって他州での法曹資格が自動的に認められたり，特別な手続や試験で他州の弁護士に法曹資格を認めることも多い。
66　[訳注] 米国には学部レヴェルの医学部がなく，大学院レヴェルのメディカル・スクールに入学する。医学大学院入学試験は，問題解決能力，クリティカル・シンキング，文章分析能力，科学概念・法則の知識を試験する。
　　　米国医師資格試験は各州の医事審議会の連合会と国立医療試験審議会が実施する。

エンジニア（技術士），看護師，その他の多くのプロフェッション（専門職）の場合も，それぞれ専門職試験の合格を資格取得の条件としています．

　このように，それぞれの専門職には資格試験の合格という参入障壁が設定されています．

　これらの参入障壁が公正なものかどうかは，ここで問題とはしません．

　私が問題とするのは，資格試験予備校の高額の授業を購入するだけの資金的余裕のある学生だけが，これらの資格試験合格に必要とされる実務的な教育プログラムにアクセスでき，そのような裕福な学生だけが資格試験に合格できるような世界であってはならない，ということです．

　私たちには，学問的試験，専門職の資格試験，そして人生において直面するさまざまな種類の試験で合格する方法を生徒に教える義務があります．

　とはいえ，これらの試験に合格するために必要な学習ツールと教育プログラムを生徒たちに提供することが，教師としての良い教育の実践をあきらめて妥協することを意味するものではありません．

　厳密に整備された魅力的な学習活動に生徒を積極的に参加させると同時に，時間の経過とともにますます難しくなっている試験にも確実に備えさせることができたらどうでしょうか？

　クリティカル・シンキング教育を用いて試験準備を乗っ取ることは，実行可能であるだけでなく，必要不可欠でもあります．というのも，ちょっとここで現実的に考えてみましょう．

　「試験のための教育」というようなことが本当に起きているとすれば，今までに私たちはその暗号を解読してしまっているはずです．

あなたの州が，PARCC 試験のワシントン D.C. であれ，SBAC 試験のカリフォルニア州であれ，STAAR 試験のテキサス州であれ，AzMERIT 試験のアリゾナ州であれ，SOL 試験のヴァジニア州であれ，あるいはその他の評価方式の試験を使用している州であれ，どのような州統一入学試験[67]かどうかにかかわらず，丸暗記と手取り足取り面倒をみる学習では，生徒たちをこれらの試験に合格できるように持って行くことはできません．

　以下は詰め込み型の反復学習法[68]が機能しない理由の例です：

> あるサンドイッチ店では，顧客が75ドル［約1万円］以上購入した場合に15%の割引を提供する．
> この店では，サンドイッチがどれも8.25ドル［約1,100円］，クッキーがどれも1.45ドル［約200円］で販売されている．
> ジュリアナはサンドイッチを8個購入した．
> 質問：ジュリアナが購入して割引を受けることができるクッキーの最小数はいくつか？

　この問題は，現実に出された標準試験の問題を改定したものであり，試験のためだけの学習ではうまく行かない理由を示す完璧な例となっています．

　この問題を正しく理解するには，生徒は5つの異なる数のそれぞれの目的を理解し，15%という数字（問題とは関係ない）にだまされないようにし，不等式がどのように設定されるかを理解し，小数

---

67 ［訳注］PARCC は Partnership for Assessment of Readiness for College and Careers，SBAC は Smarter Balanced Assessment System，STAAR は State of Texas Assessments of Academic Readiness，AzMERIT は Arizona Measurement of Educational Readiness to Inform Teaching，SOL は Standards of Learning の頭字語であり，各州の州立大学のための入学試験制度の略称である．
68 ［訳注］生徒に同じ教材を繰り返しドリルで学習させる教育方法で，英語では drill-and-kill と呼ばれる．

の掛け算，整数の引き算，小数の割り算の方法も全部知っている必要があります．それでも十分でないとすれば，生徒はジュリアナが6.2枚という枚数のクッキーは購入できないことをも認識していなければなりません．

　よって，割引を受けるためには7枚のクッキーを購入する必要がある，というのが答えとなります．

　さらに難しいことに，これは数学的にはグリッド・レイアウトにアイテムを配置するという問題です[69]．言い換えれば，この問題は，生徒が当て推量をしたり，消去法を使って解くことができる多肢選択問題ではありません．

　反復学習ワークシートやテレビのクイズ番組「ジョパディ！」風の復習ゲーム[70]は確かによく使われますが，しかし，はっきり言ってこれらの方法ではうまく行きません．

　間違えやすい多段階問題や多肢選択問題を解くためには，生徒たちは知識を応用し，大量の論理的推論を行う必要があり，そのためにこそクリティカル・シンキングを必要とするのです．

　この章で説明するクリティカル・シンキングを用いて試験準備を「乗っ取る」ために使用できる3つの方策は，「テスト形式に合わせた指導」，「WISEメソッド」，および「ジョー・シュモのように考える」です．

▶ テスト形式に合わせた指導 ◀

　私はここでダサい告白をしましょう．

　私は実は，標準試験を受けるのが大好きなのです．新しい州で教

69［訳注］グリッド・レイアウトとは格子構造を指している．
70［訳注］復習ゲームは，習った知識と理解を定着・深化させるため，ゲーム形式で習ったことのおさらいをさせるものである．

員研修をするときはいつも，小・中・高校の数学と国語（ELA）の模擬試験をしてみるのが私にとって楽しみな準備作業なのです．

　模擬試験を自分でやってみれば，生徒の学力に対する期待値がどのくらいの高さに設定されているかがよくわかるからです．

　私が子どもの頃は，算数の試験は100％多肢選択式の問題で，ほとんどが基礎的な計算をするだけの問題ばかりでした．

　今の算数の試験には，複雑な自由回答形式の問題や，グラフ問題，「正しい答えをすべて選びなさい」というような簡単に間違えてしまう問題などが入っています．

　私が子どもの頃は，読解試験は穴埋め問題ばかりでした．文字通り，文の中に入る正しい単語を探し出す穴埋め式の試験でした．本当にそれだけでした．

　複数の異なる情報源を分析した上で小論文を書くというような問題はありませんでした．文法の使い方が間違っている文章を修正させるような問題もありませんでした．著者の特定の主張の裏付けとなる文を，問題文の中からドラッグ＆ドロップ（抜書き）させるような問題もありませんでした．

　今日のテストで成功するためには，テストの内容を知ることと同じくらい，テストの形式を知ることが重要となっています．

　コンピュータ化がますます進むテストの仕組みや，進化し続けるテスト形式を見ると，これらのテストの目的は，問題そのものに対する理解能力と同程度に，テスト問題の論理構造・出題パタンを理解する能力をも測定しようとするものであるように思われます．

　多くの州が教師不足に悩む中，他の州からはもとより，外国からさえ多くの教師を採用することが一般的になっています．

　教師たち自身がまったく知らない形式の試験問題に対して，優秀な成績を収めるよう生徒たちに試験準備をさせなければならないと

いうことは，教師にとって失敗の元であり，とりわけ，最も移り気な集中力のない生徒にそのような試験を受けさせる場合，大失敗の元となるのです．

しかし，テスト形式をマスターすることと，生徒が将来の仕事で必要となるクリティカル・シンキングを身につけることとの間には，強力な関連性があります．

私たち教師が生徒たちに準備させようとしている将来の世界では，まだ存在しない新しい仕事の領域で，まだ知られてもいない問題を，まだ生まれていない技術を使って解決する必要があるでしょう．したがって，生徒たちがまだ見たことのないような形式の問題に対して，適切に答えることができるだけの適応力を身につけさせることには本質的な価値があるのです．

学び方を学ぶことは，21世紀で生きるための準備の核となるものであり，クリティカル・シンキング教育と試験対策への固執のどちらか一方だけを選択しようとすることは誤った選択なのです．

テスト形式に合わせた指導は，2月の「そろそろテスト対策の時期だ」というだけの問題ではありません．これは，教師が学年の当初から取り組むべき問題なのです．

テスト形式に合わせた指導には，次の3つのステップがあります．

1. テストで使用されるさまざまなタイプの問題形式をすべてリストアップし，それぞれの具体例を示すとよいでしょう．
　大学進学適性試験（SAT）であれ，米国大学入学能力テスト（ACT）であれ，飛び級コース試験であれ，各州レヴェルの大学入学試験であれ，大学入学許可者選抜のためのいかなる試験に向けて勉強している生徒にとって，役に立つ無料の資料が無数にあります．
　これらの資料は，各州のウェブサイトや，当該試験を作成した会社のウェ

ブサイトに掲載されていることが多いです.

2. 個々の生徒に，自分がどのような形式の試験問題が得意で，どのような形式の試験問題が苦手かを，正直に評価させます.

　私の母はポテト・サラダに卵を入れるのが嫌いなので，ポテト・サラダに卵を入れたことがなく，そのために今では私もポテト・サラダに卵を入れるのが嫌いになってしまいました.

　同様に，私の母が卵について感じたと同じような気持ちを，教師であるあなたがある種の形式の試験問題に感じるなら，意図せずしてあなたは，生徒に慣れ親しませるべき質問形式を練習させないようにしてしまうことに注意を払うべきです.

3. 以下の３つのカテゴリーに分けてリストを作成するとよいでしょう.
　　第１カテゴリー：教師であるあなたが，生徒に対してよく使うタイプの問題.
　　第２カテゴリー：教師であるあなたが，生徒に対してときどき使うタイプの問題.
　　第３カテゴリー：教師であるあなたが，生徒に対してまったく使わないようなタイプの問題.

　このリストを作成することで，授業，問題練習，および成績評価において，これらのタイプの問題をより多くシームレスに組み込むことができるようになります．その結果，生徒たちはいろいろな形式の問題に答えることに慣れることができるのです.

　試験を受けるために使用されるコンピュータ上のプラットフォームに特有のタイプの問題については，おそらく教師の多くは，生徒に十分な量の練習をさせることができないでしょう.

　そのような場合でも，時間を割いて，サンプル・テスト・ポータルを見つけてログインし，このような問題はどのように解けばよいのかを，具体例で示せば，生徒たちはこのような問題にどう対応すればよいかを知ることができます.

　まとめると，重要なポイントは，以下の点です.

　これらの試験問題を解くための学習スキルを生徒たちに伝授しよ

うとしないならば，生徒たちは，正しい答えでも間違った方法で求めるようになってしまい，その結果，試験の成績がひどいものになってしまう，ということです．

<h2>■ WISE（ワイズ）メソッド ◀</h2>

図表20に示した5年生用の算数の文章問題では，多くのことが行われています．

これは，「答えの文章をまるごと作ってから，解の当たりを付けること[71]」が，強力なツールになりうる問題です．

合理的な答えにうまく導くような効果的予測と推論をする上で，役に立つ文脈理解を生徒に身に付けさせるには，まず結末から始めて遡って行かせるとうまくいきます．

生徒はまず質問文（すなわち，陸上競技会でグレッグがすべてのアスリート，コーチ，および審査員に提供しなければならないボトル入り飲料水は，最少何ケースか？）に注目して，次のような答えを準備する必要があります．

　　　　[＿＿＿＿＿＿＿＿＿]ケースのときに，陸上競技会でグレッグがすべてのアスリート，コーチ，および審査員に提供しなければならないボトル入り飲料水のケース数が最も少なくなる．

この最終目標を念頭に置いてから解き始める方法は，問題解決のための非常に有益な手法なので，これが問題解決のための「WISEメソッド」，すなわち，書き込み（Write），調査（Investigate），解き方（Setup），および評価（Evaluate）の基礎となります．

この5段階プロセスの概要を**図表21**に示します．

視覚的整理表を用いるWISEメソッドは，自由回答問題に対する

71　[訳注] 原文では当て推量のguessと推定のestimationを合成してguesstimationという造語を当てている．

〔図表20〕 5年生用の多段階の算数の文章問題

> グレッグは陸上競技会でヴォランティアをしている。彼はボトル入り飲料水の提供を担当している。
>
> グレッグは以下の事実を知っている。
> ・陸上競技会は3日間開催される。
> ・陸上競技会には、117人のアスリート、7人のコーチ、および4人の審査員が参加する。
> ・ボトル入り飲料水は、1ケースあたり24本のボトルが入っている。
>
> 下の表は、各アスリート、コーチ、および審査員が陸上競技会の各日に受け取る飲料水のボトルの数を示している。

陸上競技会用のボトル入り飲料水	
参加者	ボトルの数
アスリート	4
コーチ	3
審査員	2

> 質問：陸上競技会でグレッグがすべてのアスリート、コーチ、および審査員に提供しなければならないボトル入り飲料水は、最少何ケースか？
>
> あなたの問題解決の途中経過も書きなさい。方程式を使って答えを出した場合は、その方法を説明しなさい。

〔図表21〕 WISEメソッドの視覚的整理表

書き込み（W）（第1段階） 問題が実際に求めていることを書き直す。	調査（I）（第3段階） それぞれの問題の中で、重要な情報のみをリストアップする。
解き方（S）（第4段階） 解き方を説明し、解答を求め、その途中経過のすべてを書く。 特別な考慮事項がある場合は、それを必ず記載するよう注意すること。	評価（E）（第2段階と第5段階） 第2段階：解を空欄にして、答えを一文で書く。 第5段階：空欄に解を記入し、答えをチェックしてその正しさを確認する（解の正しさはセットアップ（第4段階）に通常は示されている）。

生徒の心理的障壁を乗り越えさせるのに役立つように設計されています（**図表21**参照）．

　問題解決に着手する最良の方法は，問題を解くためにとりあえず手を動かすことです．WISEメソッドでは，問題が何を求めているかを「書き込み（W）」ボックスから始めることで，生徒が白紙のままの解答用紙から抜け出すのに役立ちます．

　次に，生徒は斜め下の「評価（E）」ボックスに移動し，解を空欄にした完全な解答文を作成し，勘によって当たりを付ける戦略を利用して仮の解を書き込みます．

　以上までで，多くのハード・ワークや分析を行うことなく，生徒は「WISEメソッドの視覚的整理表」の半分までを完成させています．

　「調査（I）」ボックスでは，生徒に問題の中の重要な事実をリストアップさせるだけです．番号や文字を振ったリストを作ると間違いやすくなるので，順序のないダッシュなどの記号を使用してリストを作成するよう，私は生徒に指導しています．「調査（I）」ボックスでは，問題に関連する事実のみに限定する必要があります．生徒はまた，簡単に問題をまとめられるように情報を整理しておく必要があります．

　たとえば，この問題では，アスリートが117人いることを書き，それぞれの選手が1日にボトルを4本飲むことを別の行に書くこともできます．

　しかし，これらの事実を整理して，117人のアスリートがそれぞれ1日に4本のボトルを飲むことが1行でわかるように書いた方が，より有用かもしれません．

　ほとんどの生徒は，「調査（I）」ボックスで事実をリストアップ

することに大きな困難は感じないでしょう．その結果として，生徒が「WISEメソッド」の第3段階までを完了する頃には，「WISEメソッドの視覚的整理表」はほとんど完成しており，最初の頭が真っ白になったところからずいぶん進展してきたことになります．

図表22は，完成した「WISEメソッドの視覚的整理表」の例です．

〔図表22〕　完成したWISEメソッドの視覚的整理表

書き込み（W）（第1段階） 陸上競技会でグレッグがすべてのアスリート，コーチ，および審査員に提供しなければならないボトル入り飲料水は，最少何ケースか？	調査（I）（第3段階） 3日間の陸上競技会 選手117名：1人1日4本飲用 コーチ7名：1人1日3本飲用 審査員4名：1人1日2本飲用 1ケース24本入り
解き方（S）（第4段階） 　3グループの人々が1日に飲む水の量を計算し，それを3倍し，その合計を24で割れば，何ケースになるかが分かる． 　もし何本か足りなければ，もう1ケースを丸ごと追加する必要がある． （117×4）＋（7×3）＋（4×2）＝ 497 497×3 = 1,491 1,491÷24 = 62.125 （端数のために，もう1ケース追加） → 63	評価（E）（第2段階と第5段階） ［　63　］ケースのときに，陸上競技会でグレッグがすべてのアスリート，コーチ，および審査員に提供しなければならないボトル入り飲料水のケース数が最も少なくなる．

「WISEメソッド」で最も難しいのは「解き方（S）」ボックスでしょう．ここでは，生徒は自分が何をしようとしているのかを説明し，実際にそれを実行する必要があります．

メタ認知の力を活用できるので，この第4段階では，生徒に解決するための計画を簡単にまとめて書かせると効果的です．

生徒が頭の中の声を文章に書き出すことで，解法計画を視覚化し，特別な考慮事項を説明し，推論にある潜在的な穴をより明確に知ることができるようになります．

ここでの場合の基本的な解き方は次のようなものとなるでしょう.

「3グループの人々が1日に飲む飲料水のボトルの本数を計算し,それを3倍し,その合計を24で割れば,何ケースになるかが分かる.」

しかし,何か特別な考慮が必要かどうか生徒たちがもう一歩踏み込んで考えれば,必要なボトルの総数が24の倍数でない限り,おそらくもう1ケースの飲料水を注文しなければならないことに気づくでしょう.

ここまでできて初めて,生徒は実際の計算を始めるべきです.

「WISEメソッド」を用いて,問題に対する解き方を慎重に構築することの必要性は,小論文を書くときであれ,理科実験の問題に答えるときであれ,あるいはどの教科のどんな問題を解くときであれ,いずれの場合にもそのまま当てはまるものです.

最後の「評価(E)」の段階は,空欄を埋めることと,最終的な答えを再確認することです.完全な文はすでにあるはずなので,63という数字を空欄に追加するだけのことになります.

この解答が正しいものであることを評価し再確認するためには,生徒は四捨五入のような推定戦略を利用すれば,自分の答えが正しい範囲にあることを確認することができます.

選手の数を四捨五入して120人と丸め,120×4の掛け算をすると480になります.コーチは7人で,1人3本で,丸めると約20本になります.そして,審査員4名で,1人につき2本で計算すると,丸めて約10本となります.この推定によって,1日あたり510本と見積もられることになります.丸めて500本とすれば3日分で1,500本となります.

これを25で割ると(勘によって当たりを付けるときに,24のような中途半端な数で割る人はいないでしょう),商は60の近辺になり,最終的な答えである63にとても近いことがわかります.

このように，答えの文章をまるごと作っておき，解については，勘で当たりを付ける訓練をすることで，生徒はより合理的な答えを導き出すことができるようになります．

■▶ ジョー・シュモのように考える ◀■

第8章では，法教育プログラム（thinkLaw）の方法の1つである「失敗分析」について説明する中で，引っ掛け問題にいつも引っかかったり，指示をよく読まなかったり，問題解決のためのすべての段階を完了できない生徒であるジョー・シュモを紹介しました．

健全な懐疑心を育成することは，クリティカル・シンキング教育の強力な構成要素です．**図表23**の5年生用の問題を見れば，この健全な懐疑心がなぜそれほど重要なのかが分かります．「ジョー・シュモのように考える」ことを生徒に教えることで，試験の作題者がよく使う手法に引っかかってミスを犯すことを回避することができるようになります．

〔図表23〕「ジョー・シュモのように考える」のサンプル問題

家庭でのパーティのために，ブリタニィは5つのミートローフを9ポンド［約4キログラム］の牛ひき肉を使って作った．
ブリタニィはさらに，4ポンド［約1.8キログラム］の牛ひき肉を使って14個のハンバーガーを作った．
5つのミートローフはそれぞれ同じ量の牛ひき肉で作られた．
質問：以下のうちで，各ミートローフの牛ひき肉の量に最も近いのはどれか？
　　　　　a. 1/2ポンド［約227グラム］
　　　　　b. 1ポンド［約454グラム］
　　　　　c. 1 1/2ポンド［約680グラム］
　　　　　d. 2ポンド［約900グラム］

　私がかつてのように，「一番最初に問題を解き終えるのは僕に決まってる」と思い込んでいる生徒だったなら，この問題を大急ぎで

やり遂げようとしたでしょう。

　問題がミートローフと牛ひき肉について尋ねているのを見て、5つのミートローフと9ポンドを見て、「こんなの簡単！ 5÷9でいいから、答えは約1/2だ。」と考えたと思います。そして、それが選択肢aと一致すると気づいたでしょう。

　でも、ここで私は自問自答します。「お前は、選択肢aの落とし穴に落ちるつもりかい？ いや、そんなことはない！」

　この問題は、それぞれのミートローフに何ポンドの牛ひき肉が使用されたかを尋ねるものです。つまり、9を5で割るべきだったのであり、よって答えは9÷5になり、1/2ではなく2に近くなるはずでした。

　この問題では、数字の5が数字の9よりも前に出てくるのは偶然ではありません。私たちは、左から右に数字を読むのですから、質問が本当は何を求めているのかに細心の注意を払わずにこの問題を読むと、選択肢aの落とし穴に陥ってしまいがちとなります。

　この問題は確かに単純明快でそのものズバリではありますが、試験問題作成者は多くの場合、とりわけ私のような早とちりの受験者をターゲットとして、選択肢aのような引っ掛け選択肢を入れておいて、さまざまな選択肢を慎重に検討しなければならない問題を作題するのです。

　これらの試験問題が引っ掛けようとしている方法を理解すると、生徒たちは健全な懐疑心を持たざるを得なくなります。つまり、生徒たちはジョー・シュモのように早とちりする考え方を知って、それに陥らないようにするすべを理解しなければならないのです。

➡ テスト準備は素晴らしい ⬅

　以上述べてきた教育指導のさまざまの戦略を検討した上なので，読者の皆さんには，テスト準備がひどく悪いものだとは限らないことに同意していただければ幸いです．

　この章で提示されたような指導戦略を使用して生徒たちをテストに向けて十分に準備させることは，学習の内容の準備と同じくらいか，それ以上に心の準備をさせることでもあります．

　テストに対する心的な不安は，非常に多くの生徒たちにとって真に深刻な問題なのです[72]．

　私がかつて，それほど深刻ではないにせよ，テスト不安症に苦しんでいる中学生たちを指導したとき，私は「1+1は何？」という「テスト問題」を出したことがあります．生徒たちは笑いながら「2」と書いて，テスト用紙を私に返しました．そこで私は，なぜ笑ったのか尋ねました．すると生徒たちは，こういう「テスト」はテスト不安症とは関係がないと説明しました．

　テスト不安症が起きるのは，重要な試験を受ける場合で，難しくて長い問題が出て，努力しないと解けなくて，勘違いしやすいテストの場合だけだというのです．ある程度のところまでは分かるけど，テスト問題のパタン構造がわからないような場合にテスト不安症に陥るというのです．

72　[訳注] 2018年の「生徒の学習到達度調査（PISA）」（世界の15歳の生徒が対象）に参加した79の国・地域の中で，米国の生徒は「失敗に対する恐れ」を感じている割合がOECD加盟国平均の56％よりやや多い．米国では58％の生徒（多い方から14番目）が，自分が失敗しそうなとき，他の人が自分のことをどう思うかが気になるという見解に，「その通りだ又はまったくその通りだ」と回答した．日本では，OECD平均よりも非常に多い77％の生徒（多い方から8番目）がそう回答した．なお，ほとんどの国・地域で女子の方が男子よりも「失敗に対するおそれ」を感じている割合が多い．

https://www.oecd.org/pisa/publications/PISA2018_CN_USA.pdf
https://www.oecd.org/pisa/publications/PISA2018_CN_JPN_Japanese.pdf

したがって，中程度のレヴェルのテスト不安症に苦しんでいる生徒にとって（深刻なテスト不安症に悩んでいる生徒の場合は，教育者としては専門家のサポートを求めるように，生徒の家族と話し合う必要があります），本章の「単なる試験勉強を超える」戦略の効果はさらに強力となります．

　生徒たちが「1+1は何？」に答えたときと同じように，さまざまな質問形式やひねりを加えた試験問題にも生徒が準備万端だったら，と想像してみて下さい．

　問題の解き方の明確な指示を与え，広範な問題練習を積ませれば，正しく答えることができるという自信を生徒たちに持たせることができますから，本章の戦略は単なるテスト準備だけの学習ツールではないのです．

　この自信の取得は，学年末試験の準備などをはるかに超えて，その後の人生で直面する困難な問題に生徒たちが取り組む上で，決定的に重要なマインドセットを醸成するクリティカル・シンキングの修得に他ならないのです．

第 16 章

家族みんなでクリティカル・シンキングを
もり立てよう！

　この章では，どのようにして，またどうして親や家族が，子ども
のクリティカル・シンキングの発達を支援するために，自分たちの
力を認識し，評価し，活用しなければならないかを説明します．

　私が家族を活用することの重要性を思い出したのは，私の甥っ子
が小学校 6 年生になる前の夏休みに 1 週間，一緒に過ごしたときの
次のような会話からです．

　ある日，甥っ子がブラウニーを食べたいと言い出しました．そこ
で，私たち 2 人はスーパーマーケットの扉を開けて入っていきまし
た．でも，何かを始める前に，私たちはまずゲーム・プランを立て
ました．

　　　私：何が欲しいんだっけ？
　　　甥っ子：ブラウニーだよ．
　　　私：他に何かいる？
　　　甥っ子：あっ，牛乳も買わないと．
　　　私：それは美味しそうだ．牛乳はどこにあると思う？
　　　甥っ子：多分，後ろの方のどこかだろう．
　　　私：（できる限りのドラマチックな声で言った）ちょと待って！後ろってど
　　　　　こ？ みんなが牛乳はスーパーマーケットで買うよ．世界中のスーパー
　　　　　マーケットで，店の奥の方に牛乳が置かれているのはどうしてだろう？
　　　甥っ子：そんなこと知らないよ，コリン叔父さん．
　　　私：いいかい，君が自分は知らないと知っていることを僕は知っているよ．
　　　　　でもしかし，スーパーマーケットの奥の方で牛乳が売られているのは，

なぜだと思う？

　甥っ子：コリン叔父さん，もし答えを知っているのなら，ぐだぐだ言わずに僕にすぐ教えてよ．牛乳なんかもう欲しくない！

　このやり取りが私にとって印象的だったのは，子どもの頃，物心ついたときから，私は食料品の買い物係に任命されていたからです．

　私は，母がクーポンの切り抜きやセール品を見つけることで，節約に努めていたことを思い出しました．家でなくなりそうな物は何か，どんな果物が旬なのか，大量購入が本当にお得なのかなど，母が常に考えていたことを思い浮かべました．

　スーパーマーケット以外のことも私は思い出しました．朝食に必要なものに手が届くようになると，私は自分で朝食を作るようになりました．卵の殻はおいしくないので，うまく割る方法を覚えて，ガリガリでない卵を食べるようにしました．

　中学生になるまでには，家族の食事も作るようになりました．そのためには，味を濃くしすぎたり，焦げ付かせたりしてしまった食材をいかにして美味しく作り直すかを学ばなければなりませんでした．

　これらの経験はすべて，1つの教訓につながりました．即ち，何か生産的なことをマスターするには何度も繰り返さなければならない，という教訓です．

　では，牛乳がスーパーマーケットの奥の方にあるのはなぜでしょうか？

　もしかしたら，スーパーマーケットの店主の狙いは，お客が店内をくまなく見て回り，必要ないものをもたくさん買ってくれるように目論んでいるのかもしれません．その結果，お客さんは結局牛乳のことを忘れてしまうかもしれません．

また，もしかしたら，冷蔵庫のコーナーが店の奥にあって，そこに乳製品のラックを収めておくので，牛乳を店の前までカートで運ぶ代わりに奥の方に展示しておけば，そのまますぐに冷蔵庫に移せるので，食品の保存がしやすいからなのかもしれません．

しかし，ここでの問題は牛乳なのではありません．

ここでの問題は，甥っ子がこの問いに答えようとせず，生産的な努力をしようとしなかったことの方です．

しかし，これがすべての家庭の問題であるわけではないでしょう．

たとえ高校を卒業していなくても，たとえ英語が流暢に話せなくても，大多数の家庭の親は，日々の家庭生活を通じて子どもたちに21世紀型のスキルをいつも適用しているでしょう．

学校が意図的に保護者を支援して，家庭内に問題探求の文化を創り出すことを促せば，そうして家庭で醸成される習慣やマインドセットは，教室に反映するようになるのです．

非常に賢明な幼稚園の先生であるメアリー・ティアニー氏は，私が開催した「法教育プログラム・ワークショップ」の終わりに私を呼び止めて，私が非常に重要な点を見逃していることに気づかせてくれました．

親や家族は，家庭での基本的な仕事を子どもにさせることを通じて，クリティカル・シンキングのスキルやマインドセットを子どもに身につけさせることができるのです．メアリーはそれに気づかせてくれました．

親や家族が家庭で生徒を支援するための，私が「ECHO戦略」と呼んでいる4つの指導原則があります．

それらは,

(E) 生産的な闘いを奨励する （Encourage）

(C) 学習された無気力と戦う （Combat）

(H) 手助けしすぎない程度に助け舟を出す （Help）

(O) 理由がなくても反対意見をぶつけてみる （Object）

です.

この章の以下では, 家族がこれら4つの指導原則を利用する上で
の, 実用的なヒントを紹介していきます.

▶▶ 生産的な闘いを奨励する ◀◀

ナマケモノは世界で最も動きの遅い哺乳類です.

しかし, 朝, 両親が家から追い立てて学校に行かせる子どもたち
の動きの鈍さに比べれば, ナマケモノもフォーミュラ・ワン（F1）
のレースカーのようだといえるでしょう！ 世の中のペースが朝か
ら非常に速いので, 子どもたちがグズグズしているときの親のデフォ
ルト反応としての手取り足取りは自然なものです. 子どもたちは,
靴を履くにも, 服を着るにも, 掃除するにも, 何をするのも悪戦苦
闘しているからです.

しかし, 子どもたちにとって本質的に重要なクリティカル・シン
キングの習慣とマインドセットとを習得させる場合, 子どもへの手
取り足取りは危険なものともなりえます.

その例を挙げましょう. 私の娘はホットケーキに信じられないほ
どの量のシロップをかけるのが大好きです.

ある朝, レストランのブランチで, 娘は左手でシロップを注ごう
としましたが, うまくいきませんでした. 娘は困惑した顔をして,
今度は右手でシロップを注ごうとしましたがやはりうまくいきませ

んでした.

　私は，娘の頭の中が困惑でグルグル回っているのを見て，彼女の手助けを始めました.「もう気がついただろ，ベイビー！」と私は言いました. シロップが出てくるには，ボトルを完全にひっくり返す必要があることに娘がすぐ気づくだろうと思っていました.

　しかし，私のかわいい娘が自分でそれに考えついて勝利を体験する前に，仲良しの姉のナナが，「こっちにおいで，教えてあげるわ」と言いました.

　私は思わず大声で「ダメーッ！」と叫んでしまい，そのレストランの店員や他のお客さんからジロジロ見られて気まずい思いをしてしまいました. おそらく私の行動は行き過ぎだったでしょう.

　しかし，私の過剰反応は，娘のその瞬間こそが「それ」が始まるときであると思ったからなのです.

　つまり，自分ではうまくできないという現実に直面して，それを自分で克服したときに起きる学びの破壊的なまでの力です. 姉の「助けてあげよう」という衝動が愛という心から来ることを私は理解していましたが，それでは娘の生産的な闘いを通じての栄光体験を否定してしまうことになります.

　「学び方を学ぶ」ことがクリティカル・シンキングの重要なマインドセットである以上，子どもたちには，自分で問題を解決するための場と時を作ってあげる必要があります.

　たとえば，牛乳とシリアルの適切な混合比率を子どもたちが自分で見つけたときの，小さな奇跡を自分で達成できたという内発的な感動が，その後の絶え間ない驚きと発見の基盤となるだけでなく，自分で課題を達成する誇りを生み出すのです.

　親御さんには，子どもに自分自身で困難を克服するチャンスを与

えることをお勧めします．

　子どもは失敗するかもしれません．

　しかし，自分自身で試みて失敗したときも，その経験は，人生において求められる自立とレジリエンス（回復力）とを身につけるプロセスのワン・ステップとしては成功例となるのです．

➡ 学習された無気力と闘う ⬅

　親の最善の努力にもかかわらず，子どもたちは「学習された無気力[73]」の習慣を身につける可能性があります．学習された無気力は，すぐそれと分かるので間違えることはありません．

　子どもたちが「そんなのできないよ」と言うとき，または何かを自分で試みる前に助けを求めるとき，その子どもはこれ以上ないくらい明確な学習された無気力に陥っています．

　幸いなことに，親がこれを乗り越えるために使用できる戦略が2つあります．お助けマンになりすぎないことと，具体性を求めさせることです．

○ お助けマンになりすぎない

　子どもが溺れかけているとき，助けようとしない親は現実世界には決していません．

　しかし，子どもに普通の問題を自分で解かせるような場合には，どうやったら溺れずに浮いていられるかを子どもが自分で考え出さなければならない場合のような，生きるか死ぬかというリスクは生じていません．

73　[訳注] 失敗し続けるなど，長期にわたってストレスの回避困難な環境に置かれた人や動物が，その状況から逃れようとする努力すら行わなくなるという現象を「学習された無気力」と呼ぶことがある．子どもの場合，長期にわたって勉強について行けなくてどうしようもない気持ちになって，その状況を改善しようとする努力すらできない現象がそれに当たる．

問題を解くときに親がお助けマンになりすぎないとは，子どもが立ち往生している問題は，自分で努力して克服しない限り誰も助けてくれないことを親が子どもに対して明確に示すことを意味します．

　子どもに対して，問題解決のための真の努力をしない限り，そして，努力をするまでは，自分一人で取り組まなければならないことを理解させるのです．

　生徒には次のように言うとよいでしょう．

　「数学の問題がわからないんだって？　まず自分でベストを尽くしてかじりついてごらん．その上で，うまく行こうと行くまいと，努力の成果を見せてごらん．その後でなら，助けてあげるよ．まず自分で努力をすることから始めなくちゃね．」

　「宿題を学校に置き忘れたんだって？　期限の明朝までに確実に提出できるためにはどうしたらいいか，自分の頭で計画を立ててごらん．」

　「プールで溺れかけているんだって？　それなら，すぐに飛び込んで助けてあげるよ．でも，自分の無計画でどうしたらいいか分からなくなっているとか，宿題を置き忘れるとか，ノートをなくしたとかだって？　そんなことのために，私はあなたのお助けマンにはならないよ．ちゃんと計画を立ててより良く生きるにはどうしたらいいか，自分で調査してごらん．」

　「『○○○』（適当に単語を選んで言う）はどうスペルするか分からないときどうするかって？　『辞書』のスペルは何だったかい？　自分で調べることができるだろう．」

○ 具体性を求めさせる

　この戦略は，子どもが問題を解決するために正当な努力を尽くしたけれども，まだ行き詰っている場合に有効です．

この戦略においても，なぜ，どのように行き詰まったのかを子どもに説明させることによって，子どものイニシアティヴ（主導権）を維持でき，それを通じて子どもが問題を解決する糸口を自分で考えつくこともよくあります．

　子どもに具体性を求めさせる親のやり方は，だいたい以下のような感じになります．

> 私：自分でシャツを着てごらん．
> 息子：できないよ．
> 私：シャツを着ることができないのはどうしてかな？
> 息子：だって，痛いからだよ．
> 私：どうして痛いの？
> 息子：頭が痛くなるんだ．
> 私：どんなふうにしたら，頭が痛くなるのか，やって見せてごらん．
> 　（息子はシャツの頭の穴に腕を通し，シャツの腕の一方の穴に頭を無理に通そうとする．頭には小さすぎる穴の向こうから私に向かって怒鳴る．）
> 息子：ほら，パパ！（私は息子がシャツを脱ぐのを手伝う）
> 私：どうして頭が痛かったんだろうね？
> 息子：シャツの穴が小さすぎたからだよ．
> 私：どっちの穴が小さすぎたんだ？
> 息子：（自分で考えついて）あ～，どうやればいいか分かったよ！（笑）．

　さて，このようにいつもスムーズにいくとは限らないことぐらいは私も分かっています．

　しかし，具体性を求めさせることの基本的アイデアは，子どもが解決しようとしている問題を子ども自身に明確に説明させることが親には必要であり，子どもの説明は具体的であればあるほど良いということです．

　「わからない」，「できない」だけでは，誰にもどうすることもできません．

しかし，何がわからないのか，何ができないのかを子どもが明確にすることで，理解すべきことや，どうやったらできるようになるかを子どもは同時に学ぶことができるのです．

このレヴェルの明確さを身につけることで，子どもは学校の勉強で「学び方を学ぶ」ための強い基盤を得ることができます．その基盤こそ，子どもが習得するべきクリティカル・シンキングの基本的な構成要素なのです．

■▶ 手助けしすぎない程度に助け舟を出す ◀■

親が助け舟を出さなければならないときにも，手助けしすぎないように心がけるべきです．

たとえば，私が子どもの算数の宿題を手伝っているとき，子どもが次のような問題に取り組んでいるとしましょう．

> ジュリアナは引き出しの中に8足の靴下を持っていた．
> ジュリアナは休暇旅行の荷物をまとめるため，3足の靴下を引き出しから取り出した．
>
> 質問：ジュリアナが旅行に持って行かなかった靴下の数を表す分数は何か？

息子の答えは3/8でした．

どう間違ったかは明らかでしょう．ジュリアナが持って行かなかった分数を使う代わりに，持って行った方を表す分数を使ってしまったのです．正解は5/8です．

子どもがこのような間違いをした場合，親は「良い先生」を演じて，この間違いを子どもに丁寧に説明しようとするのが親としての自然な本能です．

たとえば，子どもが学校のテストでこのような間違いをしてしまい，家庭でその訂正をしているとします．

親は「良い先生」として，次のような会話をするのでしょう．

息子：どこで間違えたんだろう？

私：ちょっと見せてごらん．ああ，分かった，ジュリアナが取り出さなかった靴下の分数を使う代わりに，取り出した方の靴下を表す分数を使ったからだよ．靴下は全部で何足ある？

息子：8足だよ．

私：そうだ．そこまでは正しい．じゃ，ジュリアナは何足の靴下を旅行に持って行ったんだ？

息子：3足だよ．

私：では，質問文には何と書いてあるんだい？

息子：ジュリアナが旅行に持って行かなかった靴下の数．ああ，そうか，答えは5/8だ．

私：そうだ！よくやった！

表面的に見れば，この会話はまったく無害で完全に普通の指導に見えます．ただし，次の代わりの会話を検討してみて下さい．

息子：どこで間違えたんだろう？

私：じゃ，自分ではなんでこの問題を間違えたんだと思う？

息子：わかんないよ．だから聞いているんだよ．

私：問題文をもう一度よく読んで，答えをもう一度見直してごらん．それから，間違ってしまった理由だと思うものを説明してごらん．

違いがわかるでしょう？

この2つ目の会話では，息子のために私がやって見せる代わりに，私がまず言ったのは，息子に最も難しくて手間がかかる部分を自分でやって見るように，ということでした．

息子がそれに抵抗したとき，私は一般的な指示だけを与え，この答えの間違いに気づく責任を彼に負わせました．

息子が分数の概念を明確に理解してはいたが，質問文をよく読ん

でいなくて，「旅行に持って行かなかった」の「行かなかった」の
部分を読み落としていた可能性が高いと仮定すれば，おそらくその
時点で子どもは自分自身で「アハ体験」の瞬間を迎えるでしょう．

　子どもの中には，これほど具体的なガイダンスなしでも頭を働か
せることができる者がいるので，その場合には，自分自身で説明さ
せる戦略を用いると役立つでしょう．
　そこで，その場合の実践例を次に示しておきます．

　　　息子：どこで間違えたんだろう？
　　　私：自分では，どこでこの問題を間違えたと思うんだい？　説明してごら
　　　　　ん．
　　　息子：ジュリアナは全部で8足の靴下を持っていて，休暇旅行のために
　　　　　3足を引き出しから取り出したと書いてある．それで，分数を3/8に
　　　　　したんだ．
　　　私：問題文をもう一度よく読んで，自分の答えをもう一度見てごらん．
　　　　　それから，間違ったと思う理由を自分で説明してみてごらん．
　　　息子：あっ，…ジュリアナはどれくらいの靴下を「持って行かなかった」
　　　　　のか？　間違ったところが見つかったよ．

　ホットケーキにシロップをドボドボかけようとしていた娘に助け
舟を出した私の義理の母の先の例[74]にも，手助けしすぎない程度に助
け舟を出すという戦略はそのまま当てはまります．
　義理の母が，手助けしすぎない程度に助け舟を出してあげたいと
思うのであれば，「シロップが出てこないのはどうしてだと思う？」
と尋ねるべきでした．私の娘はたぶん，シロップが濃すぎるからだ
とか言ったでしょう．それからおそらく娘は，シロップ・ディスペ
ンサーの元栓を開けるというスーパー正解を試したかもしれません．

---

74 ［訳注］先の例で助け舟を出したのは姉のナナとなっている．

何はともあれ，それも彼女なりの解決策なのです．

したがって，親が子どもに助け舟を出そう，ないし助け舟が必要だと考えた場合，子どもなりの解決策を自分自身で見つけることを保証するような最小限の助け舟だけを提供する必要があります．

一般的な指示だけする方法は，このような場合には非常に効果的に機能します．

たとえば，子どもの質問が「[＿＿＿＿＿＿＿＿＿＿] のスペルは何なの？」である場合，親としては子どもに「まず自分で書いてみて，それがどんな感じか見てごらん」といえばよいのです．

子どもが自分自身でやらなければならない部分が重要なまま残っている限り，大人の助け舟はやり過ぎにはなりません．

子どものためを思って，手助けしすぎない程度に助け舟を出してあげることは，子どもたちが自分の頭で考えるようになる機会を最大化する実用的な方法です．

子どもが自分自身で解決できる限り，親は子ども自身にやらせるべきです．

指導さえあれば子どもにタスクが実行できる場合，親は自分の代わりに兄弟や友だちに助け舟を出してもらうこともできます．

子どもには自分でどうしてもできないために，親がタスクをやって見せなくてはならない場合だとしても，それを一緒に子どもに見せることで，少なくともある程度は子どもがタスクに取り組むよう促すことができます．

人生がこのような明確な場合分けをできることは決してないでしょう．しかし，親が意識してこれをやれば，子どもたちが自分で考えるようになることを促進できる可能性は，はるかに高くなります．

■▶ 理由がなくても反対意見をぶつけてみる ◀■

　私が弁護士になりたいと思ったのは，「異議あり！」と叫べることが理由だったのかもしれません．

　テレビの法律番組や法廷物の映画で出てくる劇的な異議申立てを見ることほど爽快なものはありません．

　しかし，実際の法廷では，異議申立てがなされる頻度はずっと低いですし，異議がそれほど劇的なことはまずありません．

　しかし，理由がなくても異議申立てをして反対意見をぶつけることは，家庭内でクリティカル・シンキングのマインドセットを涵養するための強力なツールとなります．

　私が理由がなくても異議申立てをすると言うとき，私が意味しているのは，子どもに自分の側を支持する主張の展開と証拠の収集をさせるために，子どもに反対意見をぶつける教育実践のことを指しています．

　これは，この本に記載されている中で最も嫌みのある選択肢ですが，それでもこれはうまく行く戦略です．

　この教育実践は次の会話のような感じです．

　　子ども：4足す3は7だよね．
　　親：それは間違ってるよ．4足す3は43だぞ．
　　子ども：ううん，それはおかしい，間違ってるよ．
　　親：いや，私の計算の方が正しいよ．なぜなら，4の横に3を足すと43になるじゃないか．
　　子ども：ううん，それは足し算をする正しい方法じゃないよ！　4から始めて，5，6，7と3つ数えると7になるから．答えは7だよ．
　　親：ああ，そう，そう，その通りだったね．…思い出させてくれてありがとう．

　これは，必ずしも学習の場で起きなくてはならないことではありません．

最近,「ライオン・キング」の映画を観た後で,私は娘と次のような会話をしました.

　　　私：あの映画の中の悪役は誰だったっけ?
　　　娘：スカーが悪役だったわ.本当にスカーは悪人だったわよね!
　　　私：いや,それはまったく違うね.ムファサが悪役だったんだよ.そしてシンバは絶対的な極悪人だったぞ!
　　　娘：何ですって? スカーがムファサを殺して,彼とハイエナたちがプライド・ロックをめちゃくちゃにしたんじゃないの.
　　　私：ムファサはそもそもハイエナたちをいじめていて,映画の物語が始まる前にあった戦いで,ムファサがスカーに一生消えないような傷を負わせたんだよ.そしてスカーをプライド・ロックの端っこの方に追いやったんだ.そしてシンバが…….話が長くなるからシンバについてはここでは触れないね.

　私が人間として低く評価されないために,私がスカーはとても悪い奴だと思っていることを,ここでははっきりさせておきます.

　しかし,娘のような当たり前の考え方にも反対意見をぶつけることは,子どもたちに皮相的なことを超えて深く考えさせるには非常に良い方法だと思います.

　反対意見モードでは,何があっても悪魔の代弁者役を演じ続けることが目標です.そうすることで,子どもは自分の立場を正当化するやり方を学びつつ,より健全な懐疑心,異なる視角を分析する能力,そして自分の頭で繰り返し考える習慣を,子どもが必ず身につけるように親は指導することができるのです.

■▶ 子どもの親や家族へアプローチする ◀■

　どのような子育て戦略も,実際に保護者たちに届かなければ意味がありません.

　保護者のための素晴らしいイヴェントを企画しても,参加者が集

まらないときほど，教師や学校の責任者ががっかりすることはありません．

　私自身がこのようながっかり経験を身をもって体験した者として，また，保護者向けイヴェントを成功させた学校や学区と密接に協力した経験から，保護者の参加を促す実用的な方策をいくつか挙げておきたいと思います．

　そうしたイヴェント参加によって保護者たちは，子どものクリティカル・シンキングのスキルとマインドセットとを育むことができるようになるのです．

　まず第1に，保護者が学校教育に参加することが何を意味するのかについての，保護者たちの期待を変えることです．

　保護者の参加といえば，学校の行事でヴォランティア活動をしたり，募金集めのためにポップコーンを売ったり，「先生ありがとう週間」のための素敵なイヴェントを計画したりすることに限られていた時代があまりにも長かったと思います．

　しかし，教育の究極の目的が，すべての生徒の潜在能力を最大限に引き出すことであるならば，ヴォランティアのために保護者が費やす時間の使い方として，これが最善なのか疑問が湧きます．

　親や家族に学習面でのより重要な役割を担ってもらうとしたらどうでしょうか？

　ワークショップのタイトルが「手助けしすぎない程度に助け舟を出す方法」とか「教育現場で子どもたちの生産的な奮励努力を奨励しよう」とかだったら，保護者を大勢集めることができないことくらいは私も承知しています．

　しかし，「新学期開始」の前日の夜の保護者会で親たちに，1年間の楽しい学校行事の予定のことばかりに焦点を当てさせるのでは

なく，次の1年が子どもたちの人生で最高の学年になるよう，親としてできることの方に焦点を当ててもらうとしたら，どんなメッセージを親たちに発したらよいか考えてみようではないですか？

省エネのため自動車相乗りで学校に子どもたちを連れてきた親たちが乗降場で，次のパンダ・エクスプレス募金活動のチラシなどを受け取るのではなく，その代わりに，子どものクリティカル・シンキング修得をサポートするために，その週に親として実践すべき家庭での実用的方法の説明を受ける場合を想像してみて下さい．

多くの教師たちは，生徒の学業達成の上で，生徒の家族が素晴らしい資産であると信じていると思います．しかし，そのことのメッセージが親にほとんど伝えられていないとしたら，家族はどうやってこのことを知るのでしょうか？（知らないままになるでしょう）

保護者がどのように子どもの学業をサポートすることができるか，についての期待を変えることに加えて，家族が子どもの学業達成の上で重要な役割を担っているというこの情報を伝える唯一の方法として，保護者会を位置づけるよう見直す必要があります．

多くの場合，保護者会に一番来て欲しいような保護者は，参加する可能性が最も低いものです．

その理由は，仕事の都合や家庭の事情とか，保護者会の日程のタイミングが悪いとか，あるいは，家族によっては，子どもの学校に行くことが，真犯人が犯罪現場に戻るような気分にさせられるという悲しい現実があるからかもしれません．

保護者自身が学校でひどく嫌な経験をしたという場合，学校教育に関わるのをためらうのも無理はないでしょう．

しかし，保護者会に参加したり，学校だよりを読んだりすることがほとんどない家庭でも，子どもの担任の先生には対応し，つなが

りを持つことが通常であり，これはとりわけ小学生の親の場合にあてはまります。

　教師が「教育現場で子どもたちの生産的な奮励努力を奨励しよう」を今月のテーマとし，テキスト・メールや，電話や，あるいは直接の面談で，家族と直接的なつながりを持ち，毎週1つずつ学習方法を親たちと共有すれば，これらの情報が家族に届く可能性ははるかに高くなるでしょう。

　このような方策は，学校のソーシャル・メディア上で共有することができ，それによって保護者はタイムラインをスクロールしつつ学校とつながることができ，教育に参加することができるのです。

　普段の場所で家族に会うということは，ときとして文字通り，「彼らの生活の場で会う」ことを意味します。

　生徒たちがハロウィンのトリック・オア・トリートをするような近所の人気エリアに出店を構えて，子どもたちにお菓子を配ったり，簡単なアドヴァイスを親たちにしたりするのです。（たとえば，子どもが親に質問したときにどうすればよいか，の質問に，たぶん子どもは自分で答えを見つけられるだろう，と答えるなど）。

　私はかつて，すべての家族に対して家庭訪問を必ず実施する学校で教えていました。これがすべての学校にとって現実的ではないこと，ないし可能でもないことは私も理解しています。しかし，家庭訪問のおかげで，私の学校では親の出席する学校行事のすべてで，立ち見席が必要になるほど親の参加がありましたし，このことはさして驚くべきことでもないでしょう。

　それに対し，私の勤めていたこの学校の周辺の他の学校では，学校行事への親の出席率がとても低かったのです。それらの学校の責任者はたいてい，「ここの親たちは子どもの教育に関心がない」と言い訳していました。

しかし，家庭訪問すれば，その際に，学校行事への家族の参加は大歓迎です，と伝えることができます．または，家庭訪問の際に，行事の模様を親に実際に見せることもでき，この方が効果ははるかに強力でしょう．

最後に，伝統的なワークショップ形式の保護者会の実施を検討している場合，保護者が参加しない理由は何かをまず考えてみるとよいでしょう．

私がかつてワシントンD.C.の学校で教えていたとき，「家族と一緒に算数を楽しむ会（Math Family Night）」をやろうと思い立ったことがありました．しかし，算数担当教師会議で私のアイデアは一笑に付されてしまいました．

そのとき私は1年目の算数教師だったので，大真面目に議論を始めました．その模様が以下です．

> 私：この「家族と一緒に算数を楽しむ会」なんかに親が来るわけがない，というのはどうしてですか？
> 同僚：子どもたちの親は夕食を作らなければならなくて忙しいからだよ．
> 私：ちょっとした食事なら，学校で準備できないだろうか？
> 同僚：親は，他の子どもたちの世話もしないといけないかもしれないんだよ．
> 私：他の子どもたちも一緒に連れてくることはできないだろうか？
> 同僚：親たちの半数は英語すら話せないんだぞ．
> 私：この学校には，通訳の担当者がいたんじゃなかったっけ？
> 同僚：通訳たちは来ないと思うよ．
> 私：通訳たちは来っこないと初めから想定するのではなく，一人ひとりに電話して頼んでみたらどうだろう？

私たち算数担当教師チームの最初の「家族と一緒に算数を楽しむ会」の夜，私は非常に緊張しました．図書館の片隅に非常に小さな

場所を準備しておいたのですが，会がどうなるかまったく予想できませんでした．

　しかし，いつの間にか満員状態になり，他の教室の椅子を取りに行かなければならないほど混み合って来たのです．

　意識して親たちを歓迎することと，親が子どもと一緒に学ぶための場を設けることとのこうした組み合わせは，家族にとって非常に魅力的であることが判明したのです．

　親との連絡を取り教育への参加を高めるためのこれらのヒントは，どんな状況でもうまく行くわけではありません．だからこそ，自分の生徒たちの家族のことを知り，彼らがどのようにして情報を受け取りたいか，そして彼らが本当に切望している情報は何か，について知ることが，教師にとって有益なのです．

　どのような方法を使用する場合であっても，親が子どもの学業の成功にとって信じられないほど重要な資源であるということを，忘れることなく信じ続けて下さい．

　また，親の力をあなたが心底信じているということを，親と家族にしっかり分かってもらえるように努力するべきです．

結　論

クリティカル・シンキングを身に付けた生徒たちは
21世紀を生き抜く！

　この本を出版する前の2年間で，私は全米で年間35回以上の教育者会議に出席しました．その中で最も多かったテーマが「仕事の将来」でした．これは，21世紀における仕事の変化が，これまで見たこともないようなスピードで起きているという認識に基づいています．

　大量の失業と経済危機を回避するためには，急速に変容し続ける超高度技術の未来に対する準備を，生徒たちにさせることが喫緊の課題となっています．

　ある会議の基調講演で，著名な「悲観論者」がこのように表現しました．

　「あなたの仕事のアルゴリズムを書くことができるなら，あなたの仕事は自動化できるので，あなたは不要となる．」

　コンピュータ・サイエンスの学部卒から数学教師に転身し，さらに弁護士となり，今ではクリティカル・シンキングは万人のためのものだと布教している私の懸念は，それほど悲観的ではありませんが，喫緊の課題であることに変わりはありません．

　私がそれほど悲観的ではないのは，テクノロジーによって仕事が消えても，その代わりに，テクノロジーによって新たな仕事が生まれるからです．

　しかし，将来生じる新しい仕事に対する準備を生徒たちにさせた

い，という正しい意図を全米の指導的教師たちは持っていますが，その実践においては大きな間違いを犯しています．それが私の懸念であり，この問題はまさに緊急性を帯びています．

すなわち，将来生じる新しい仕事に対応できる生徒を育てるための重要な仕組みとして，クリティカル・シンキング教育を最優先事項とはしていない，という大きな間違いを犯しているのです．

すべての生徒にプログラミングを教えておけば，あるいはすべての生徒にキャリア教育やハイテク教育を施しておけば，すべての生徒が21世紀になんとか対応できるようになると考える教師があまりに多すぎます．

しかし，これは完全に間違った考えです．

というのも，大学でコンピュータ・サイエンスを学んだ多くの者たちが，この数年で仕事を失いました．その理由は，効果的な対人関係のスキルを持っていないならば，プログラミングを知っているだけでは，さして役に立たないからです．

ハイテク産業が本当に必要としているのは，ハイテク・オタクと話が通じると同時に，その技術を使う買い手とも話が通じる人材なのです．

19歳の若者でも年に７万ドル（約950万円）以上を稼ぐことができるようなハイテク資格も存在はしますが，技術革新のスピードがかつてないほど早くなっています．

今は高収入でも，数年後には時代遅れになるような仕事をさせるために生徒を教育する必要などありません．

したがって，プログラミングのためのプログラミング教育や，特定の分野に就職するためだけのキャリア教育やハイテク教育などに焦点を当てるべきではないのです．

焦点を当てるべきは，もっと広く「ソフト・スキル」と呼ばれるものであり，それは，感情的知性[75]，判断力，そしてもちろんクリティカル・シンキングなどです．

　このことは，生徒にプログラミングを教えるとしても，単にたとえばPythonでアプリをコーディングする方法を学ばせるだけではまったくダメだということです．

　ユーザーのニーズにしっかり耳を傾けること，グループ作業において異なるバックグラウンドのメンバーたちと違いを超えてコミュニケーションを取ること，そしてフィードバックに基づいて改善・改良を継続すること，などに重点を置いた教育をする必要があります．

　ハイテク分野の資格取得を目指す生徒たちを教育する場合でも，どのような文脈においても問題発見者となれ，問題解決者となれる能力を生徒に教える必要があり，そのためにはクリティカル・シンキングのスキル，習慣，およびマインドセットを生徒に身につけさせることに焦点を当てなければなりません．クリティカル・シンキングは分野を超えて応用可能だからです．

　問題発見・問題解決などのソフト・スキルは，教えるのがたぶん最も難しいものでしょう．しかしソフト・スキルこそが，私たち人間とロボットの違いを生み出すものです．そしてソフト・スキルは，将来の労働市場において生徒たちが，かけがえのないリーダーとなるために本当に必要なものなのです．

　だから，仕事を奪われることを心配してロボットを恐れる必要などないのです．

75　［訳注］感情的知性（Emotional Intelligence: E.Q.）とは，他者の感情を理解し，その置かれた状況と人間関係に自己の感情を適応させる能力を指し，「心の知能指数」とも訳される．

むしろ，恐れるべきは，現状の教育現場での「何（知識）を」「どうやって（ハウツー）」という問いかけにしがみついている教師たちの方です．なぜなら，そのような教師たちは，「なぜ（原因）」と「もしも（創造性）」という21世紀教育での本質的な問いかけへの転換が怖くてできないからです．

そして，法学部をはじめとする文系学部の人気の凋落に不安を感じるべきです．というのも，文系の学問こそ，ＡＩマシンには取って代わることのできない人間の創造スキル，文脈スキル，および認知スキルを学生に教えるからです．

最も重要なこととして，クリティカル・シンキングをいまだに贅沢品のように位置づけているため，本来はすべての21世紀人類に本質的に必要なクリティカル・シンキングのスキルを，いまだにエリート校の最もエリートの生徒たちだけに提供し続けている，旧態依然の教育システムにこそ不安を感じるべきなのです．

作家で評論家のファリード・ザカリアは2015年の論文で，「クリティカル・シンキングは，結局のところ，米国の雇用を守る唯一の方法である」（para.16）と述べて，教育界の理系分野（STEM）への妄執に対して強い警鐘を鳴らしています．

クリティカル・シンキングが私たちの唯一の希望である以上，将来生じる新しい仕事で生徒が成功を収めることができるような教育であるためには，すべての学年と教科において意義の大きなクリティカル・シンキング教育に，すべての生徒たちが公平にアクセスできるようにすることを，教育の最優先事項としなければならないのです．

クリティカル・シンキング革命という本質的な教育改革の一翼を担っていただけることに感謝する次第です．

■参考文献■

Bloom, B. (Ed.). (1956). *Taxonomy of educational objectives: The classification of educational goals. Handbook I: Cognitive domain.* Longmans Green.

Bridgeland, J.M., DiIulio, J.J.Jr., & Morison, K. B. (2006). *The silent epidemic: Perspectives of high school dropouts.* Civic Enterprises.

Center for Teaching, Vanderbilt University. (2016). *Bloom's taxonomy.* https://www.flickr.com/photos/vandycft/29428436431

Dred Scott v. Sandford, 60 U.S. 393 (1856). https://www.oyez.org/cases/1850-1900/60us393

Garratt v. Dailey, 46 Wash. 2d 197 (1955). https://law.justia.com/cases/washington/supreme-court/1955/32841-1.html

Green, A. (2017). *Owners must surgically 'debark' loud dogs, court rules.* The Oregonian. https://www.oregonlive.com/pacific-northwest-news/2017/08/owners_must_surgically_debark.html

Isadore, C. (2016). *College coaches make more than players get in scholarships.* CNN Business. https://money.cnn.com/2016/01/11news/companies/college-coaches-pay-players-scholarships

Jimenez, L., Sargrad, S., Morales, J., & Thompson, M. (2016). *Remedial education.* Center for American Progress. https://www.americanprogress.org/issues/education-K–12/reports/2016/09/28/144000/remedial-education

King, M. L., Jr. (1947). The purpose of education. *The Maroon Tiger, 10,* 123–124.

King, M. L., Jr. (1965). *Address at the conclusion of the Selma to Montgomery march.* The Martin Luther King, Jr. Research and Education Institute. https://kinginstitute.stanford.edu/king-papers/documents/address-conclusion-selma-montgomery-march

Liebeck v. McDonald's Restaurants (N.M. Dist. Ct. 1994). https://www.tortmuseum.org/liebeck-v-mcdonalds

Lubitz v. Wells, 19 Conn. Supp. 322 (Conn. 1955). https://www.casebriefs.com/blog/law/torts/torts-keyed-to-prosser/negligence/lubitz-v-wells

Lucy v. Zehmer, 196 Va. 493, 84 S.E.2d 516 (1954). https://www.lexisnexis.com/community/casebrief/p/casebrief-lucy-v-zehmer

National Collegiate Athletic Association. (2018). *NCAA recruiting facts.* https://www.ncaa.org/sites/default/files/Recruiting%20Fact%20Sheet%20WEB.pdf

National Governors Association Center for Best Practices, & Council of Chief State School Officers. (2010). *Common Core State Standards for English language arts.* http://www.corestandards.org/ELA-Literacy

National Governors Association Center for Best Practices, & Council of Chief State School Officers. (2010). *Common Core State Standards for mathematics.* http://www.corestandards.org/Math

NGSS Lead States. (2013). *Next generation science standards: For states, by states.* The National Academies Press.

Olszewski-Kubilius, P., & Clarenbach, J. (2012). *Unlocking talent: Supporting high achievement of low-income, high-ability students.* National Association for Gifted Children. https://www.jkcf.org/wp-content/uploads/2018/06/Unlocking_Emergent_Talent.pdf

Plucker, J. A., Hardesty, J., & Burroughs, N. (2013). *Talent on the sidelines: Excellence gaps and America's persistent talent underclass.* Center for Education Policy Analysis, University of Connecticut.

Ritchotte, J.A., & Graefe, A. K. (2017). An alternate path: The experience of high-potential individuals who left school. *Gifted Child Quarterly, 61*(4), 275–289. https://doi.org/10.1177%2F0016986217722615

Slobodkina, E. (1968). *Caps for sale: A tale of a peddler, some monkeys, and their monkey business.* HarperCollins.

Subramanian, C. (2016). *Alvin Toffler: What he got right-and wrong.* BBC News. https://www.bbc.com/news/world-us-canada-36675260

Suntex International Inc. (2019). *How to play.* https://www.24game.
com/t-about-howtoplay.aspx

TNTP. (2018). *The opportunity myth: What students can show us about
how school is letting them down—and how to fix it.* https://tntp.
org/assets/documents/TNTP_The-Opportunity-Myth_Web.pdf

Tyson, N. D. [NeilTyson]. (2019, August 5). *In the past 48hrs, the USA
horrifically lost 34 people to mass shootings. On average, across
any 48hrs, we also.* Twitter. https://twitter.com/neiltyson/status/
1158074774297468928

United States v. Drayton, 536 U.S. 194 (2002). https://supreme.justia.
com/cases/federal/us/536/194

Webb, N. L. (1999). *Alignment of science and, mathematics standards
and assessments in four states.* National Institute for Science
Education.

Wolverton, B. (2010). *NCAA agrees to $10.8-billion deal to broadcast its
men's basketball tournament.* The Chronicle of Higher Education.
https://www.chronicle.com/article/NCAA-Signs-108-Billion-Deal/
65219

Wyner, J. S., Bridgeland, J.M., DiIulio, J.J.,Jr. (2007). *Achievement trap:
How America is failing millions of high-achieving students from
lower-income families.* Jack Kent Cooke Foundation. https://
www.jkcf.org/wp-content/uploads/2018/06/Achievement_Trap.
pdf

Williams v. Walker-Thomas Furniture Co, 121 U.S. App. D.C. 315, 350
F.2d 445 (1965).

Zakaria, F. (2015). *Why America's obsession with STEM educatian is
dangerous.* The Washington Post. https://www.washingtonpost.
com/opinions/why-stem-wont-make-us-successful/2015/03/26/
5f4604f2-d2a5-11e4-ab77-9646eea6a4c7_story.html

著者コリン・シールの自己紹介

　私，コリン・シールは，教師であり，弁護士であり，クリティカル・シンキングについての専門家です．

　私の子どもの頃は，すごいお喋りで，「笑い過ぎ」で，何でも分かったつもりのうぬぼれ屋でした．でも，高校生になってからは，「どうでもいい症候群」に罹患してやる気をなくしてしまいました．

　その後，表彰状を授与された法教育支援機関（thinkLaw）を設立しました．この機関は，生徒への問いかけ中心の教育方法を教師が活用するよう支援しています．この方法によって，クリティカル・シンキングのギャップを埋めることができ，誰をも取り残すことなくすべての生徒に学びを提供することができます．

　小さい頃の苦労のおかげで，私は教育の平等の実現への情熱を抱くようになりました．ニュー・ヨーク市のブルックリン地区に生まれ育って，幼い頃から英才教育プログラムに編入されたので，私は，自分の周辺の同級生たちには手にはいらないような機会に恵まれました．

　今では，受けた専門家養成訓練，すなわち，学校教師としての訓練と法律家としての訓練，これらの経験を活かして，法教育支援機関の仕事をし，シンポジウムの基調講演者として参加者を啓発しています．また，ビジネス誌『フォーブス（*Forbes*）』，教育者用雑誌『エジュケーション・ポスト（*Education Post*）』，教育関連ニュース誌『ザ・74（*The 74*）』などに寄稿して，クリティカル・シンキングと教育の平等について宗教的情熱をもって伝道活動に勤しんでいるのです．

　クリティカル・シンキングを布教する世界一熱心な伝道者としての活動で全米を回っているとき以外は，私はアリゾナ州グレンデール市に住んでいます．家庭では，世界一のエンターテイナーになって2人の小さい子どもたちを楽しませる父親であるとともに，妻のキャリーにとっての優しい夫です．

監訳者あとがき

　米国のトップ・クラスの法科大学院であるハーヴァード・ロー・スクールの教授を経て，米国連邦最高裁判所判事を約30年間も務めたホームズ裁判官（Oliver Wendell Holmes, Jr.）は，英米法系の国々を超えて，世界で最も著名な法律家だといえるでしょう．

　ホームズ裁判官は，1881年に刊行した不朽の名著『コモン・ロー』で，

> 「法とは，何世紀にもわたる社会の発展の歴史を具現したものであり，数学の本のように公理や系のみからなるものではない．」

と述べています（Oliver Wendell Holmes, Jr., *The Common Law*（1881））．
　ホームズ裁判官はさらに，友人のシドニィ・バートレット弁護士のための弔辞の中でこう述べています（in Holmes, Jr., *Speeches* 41, 43（1913））．

> 「法律家の仕事は，間接的には，その後の何世紀にもわたって人々の行為を制禦することになるルールを，確立し，発展させ，ないし解明することに他ならない．さらに，法律家の仕事は，その後の世代の人々が誰のおかげかも知ることなく，その思考と行為を形造ることになる原理原則と影響力の作動を開始させることに他ならない．」

　言い換えれば，法は「社会の過去と現在を反映した『理想社会』に近づくように，社会を未来へと導いてゆくもの」であるといえます．

　このように法は，人間社会の発展にとって本質的に重要なものです．連合王国（U.K.）の高名な法律家で貴族院議員でもあったモリ

ス卿は，

> 「法と裁判は，人と社会にとってあまりにも重要なもの
> なので，法専門家だけに任せておくわけにはいかない，と
> 私は考える.」

とまで論じています. だからこそ，日本でも一般市民が刑事裁判に
関与する裁判員制度が導入されたのでしょう.

　民法の改正により2022年4月1日から，成年年齢が従来の20歳か
ら18歳に引き下げられました. この成年年齢の引き下げに伴い，裁
判員になることのできる年齢も18歳以上となりました.
　したがって，高校生などが裁判員になることができるようになっ
たのです.

　裁判員制度とは，国民の中から無作為に選ばれた一般市民が裁判
員となって，重大な犯罪事件の刑事裁判に参加し，被告人が有罪か
無罪か，および有罪の場合にどのような刑にするかを，裁判官と一
緒に評議し，評決する制度です.
　裁判員制度の目的は，一般市民の多様な視点，感覚，経験，良識
が，裁判の内容に反映されてより良い裁判になること，および，そ
れを通じて裁判が国民にとって身近なものになり，司法に対する国
民の理解と信頼が深まること，だとされています.
　日本国憲法により国民は主権者ですから，国家権力の行使の正当
性は主権者たる国民に由来します. 国家権力の行使の主要なものの
1つである司法作用の役割を担うことも，主権者たる日本国民の本
分であるというべきでしょう.

　民法による成年年齢の引き下げに先立って，公職選挙法の改正に
より，2016年6月以降，選挙権を有する者の範囲が18歳以上の者へ

と拡大されました.

したがって,高校生なども選挙で投票することができるようになっているのです.

選挙権の行使を通じて政治に参加することが,主権者としての本分であることは言うまでもありません.

さらに,高校の新学習指導要領によって,2022年4月から公民科の新科目「公共」の授業が始まりました.

新学習指導要領は「生きる力の育成」を大きなテーマとし,①学んだことを人生や社会に生かそうとする「学びに向かう力,人間性など」,②実際の社会や生活で生きて働く「知識及び技能」,③未知の状況でも対応できる「思考力,判断力,表現力など」をバランスよく育むこととしています.

この新学習指導要領で新設された「公共」という科目は「人間と社会の在り方についての見方・考え方を働かせ,現代の諸課題を追求したり解決したりする活動を通して広い視野に立ち,グローバル化する国際社会に主体的に生きる平和で民主的な国家及び社会の有為な形成者に必要な公民としての資質を育成すること」を目標とする科目です.

公共においては,公共的な空間における基本原理を議論することになります.これは,法学における憲法をはじめとする公法のシステムと原則を学んで,法主体とりわけ主権者として積極的に公共的な空間に参加するとともに,公共的な空間の確立と拡張にもコミットすることを意味します.

公共においては,また,市民的な空間における基本原理を議論することになります.これは,法学における民法や会社法をはじめとする私法のシステムと原則を学んで,法主体とりわけ権利義務の主体として自立的・積極的に私的秩序の形成に取り組むとともに,市

民的な空間の確立と拡張にもコミットすることを意味します.

　公共においては，さらに，司法やADR（裁判外紛争解決）のシステムと原則を学んで，法主体として自らの権利を守り，紛争を法や社会規範に則って解決したり，交渉を通じて平和裡にウィン・ウィンの解決をしたりできるようになることを目指します.

　選挙権の拡大，成年年齢の引き下げ，裁判員対象者範囲の拡大，および新科目「公共」の導入という，ほとんど同時に日本で起きた大改革を受けて，法教育が大きな注目を集めています.

　法教育とは，法務省の定義によれば「法律専門家ではない一般の人々が，法や司法制度，これらの基礎になっている価値を理解し，法的なものの考え方を身に付けるための教育」とされています（法務省ホームページから）.

　これは非常に広い定義であり，初等・中等教育，高等教育はもとより，市民教育，生涯教育などをも含むものです.

　しかし，本書での対象となっている法教育はこれよりも少し狭いものとして考えられています. すなわち，小学校，中学校，高校における法教育を指しています. そこで，以下ではこの意味で用いることにします.

　この意味の法教育が社会的注目を集めるようになったのは，実はもう少し前からです.

　法務省には2003年7月にすでに「法教育研究会」が設置され，2004年にはその報告書『我が国における法教育の普及・発展を目指して―新たな時代の自由かつ公正な社会の担い手をはぐくむために』が出されました.

　この報告書を受けて，法務省には2005年5月に「法教育推進協議

会」が設置されました．実は，監訳者である太田は，法務省法教育推進協議会の委員でもあり，2023年9月からは座長を務めています．

　日本弁護士連合会も2002年に法教育のワーキンググループを立ち上げ，それを継承する形で2003年に「市民のための法教育委員会」を設置しました．日本司法書士会連合会も1999年に「初等中等教育推進委員会」を設置しています（2006年に「法教育推進委員会」と改称）．さらに，日本行政書士会連合会や日本税理士会連合会も法教育に積極的に取り組んできています．

　また，監訳者の太田と共訳者の堀口は，明治大学の高大連携プログラムで2022年と2023年に明治高校の2年生の全クラスに法教育の一環として，模擬交渉，模擬調停，模擬裁判員裁判を実施しました．私たちはまた，2022年11月には秋田高校において模擬裁判員裁判を1年生を対象に実施しました．

　堀口は，法教育団体LEXをNPO法人として法学部の学生時に立ち上げ，これまでに各地の高校で延べ3300人の生徒に法教育を実施しています．

　このように，前世紀末から今世紀初頭以降，法教育への注目が徐々に高まってきていたことを背景として，選挙権の拡大，成年年齢の引き下げ，裁判員対象者範囲の拡大，および新科目「公共」の導入を契機として，「法教育ブーム」と呼びうるほどの社会現象が起きています．

　小学校・中学校・高校の関係者で法教育を「公共」の授業の一環として実施したい場合，法務省の法教育推進協議会や，上記の法専門職の様々な団体のホームページに情報が掲載されていますので，連絡を取ってみてください．すぐに，訓練を受けた法専門家を派遣

してくれます.

　法教育の内容について不明確さが残っている場合，たいていの法専門職の団体が，厳密に整備された法教育プログラムを準備しているので，すぐに対応してくれます.

　法教育の内容について要望がある場合，とりわけ生徒の皆さんの主体的なイニシアティヴ（主導権）で，受けたい法教育内容に要望がある場合，それを伝えてください. たいていの法専門職の団体では，そのような要望に沿う形で，法教育プログラムをオーダーメイド化して実施してくれるでしょう.

＊＊＊＊＊

　本書は，Colin Seale, *Thinking LIKE A Lawyer: A Framework for Teaching Critical Thinking to All Students*, Prufrock Press, 2020（Routledge 2021）の全訳です.

　タイトルを直訳すれば『法律家らしい考え方をすること：批判的分析的思考をすべての生徒に教えるための枠組み』となるでしょうが，「法律家らしい考え方をする」というフレーズは米国に特有の表現であり日本の読者には馴染みがないのではないかと心配でした.

　そこで，著者のコリン・シール氏の許諾を得て『法教育の教え方と学び方：クリティカル・シンキングのすすめ』としました. 内容としては，法教育が注目を集めている日本の現状にとって，またとない貴重な示唆に富むものとなっていると確信しています.

　原著を，2022年度明治大学大学院法学研究科の法社会学の演習でテキストとして採り上げ，太田，堀口，大塩の3名で共同して翻訳したものです.

　翻訳作業の手順としては，まず，堀口と大塩が各自の担当部分を

訳して，ファイルを事前に太田に送りました．

　それを原案として太田が，ゼミの前までに原文と照らし合わせて若干の加筆修正を施し，その上で演習の期日に全員で内容を検討しつつさらに訳文を彫琢していきました．

　その後，原著者の許可を得て多数の訳注を付加しました．米国の初等・中等教育の制度や法制度，法曹養成制度などをはじめ，日本の読者には馴染みが薄いと思われるものに，本書を理解し，利活用する上で参考になると思われる事項を補充したものです．なお，一部の短い訳注は［・・・］という形で，本文に流し込んでいます．

　書籍化する際にも，弘文堂の本書担当の清水千香さんの「もっと読みやすく，親しみやすく！」とのご指摘に応じて，である調から・・・・・・です・ます調に改定しました．この改定の際にも，原文と再照合して，訳文の表現や内容を相当改善したつもりです．

　以上のように本書は，訳者全員の共同作業の成果ですから，何処が誰の担当した訳文である，というようなことにはなっていません．

　本書の訳出に際しては，読みやすさと内容の日本語としての正確さを重視しました．

　とりわけ，英語の関係代名詞や不定詞句は，構文通りに訳すと意味の重点の位置がずれてしまったり，不自然な日本語になったりしますので，原文ではなく原文の趣旨を日本語化するように心がけました．

　そして，自然で正確で分かりやすい日本語となるように，英語の構文を変えて訳したり，一文を複数の訳文にしたりしています．

　また，原著には講演会用の原稿の切り貼りと思われる口語表現（タメ口）や，趣旨が不自然な文もいくつかありました．判例の引用間違いも見つかりました．前後関係等から見てミスと思われる記述もいくつかありました．訳書では原著者の了解のもとに修正や改良を

施しています.

　さらに，原著には事項索引がついていないのですが，日本の読者のために訳書では事項索引を作成しました.

　最後に，厳しい出版事情の中，本翻訳書の出版を快諾していただいた弘文堂と，訳文がより良くなるよう詳細で厖大な改良案を提案して下さるとともに，素敵な表紙カバーをデザインしてくださった編集部の清水千香さんに，衷心から御礼申し上げます.

2023年8月

監訳者　太田　勝造

事項索引

【著者】
コリン・シール（Colin Seale）
法教育推進活動家，弁護士，元高校数学教師．
法教育支援機関「シンクロー（thinkLaw）」を2015年に設立して，クリティカル・シンキングを中核に据えた法教育の普及活動を全米で行っている．
本書に続いてColin Seale, *Tangible Equity: A Guide for Leveraging Student Identity, Culture, and Power to Unlock Excellence In and Beyond the Classroom*（Routledge, 2022）を出版している．

【監訳者】
太田　勝造（おおた・しょうぞう）
1980年　東京大学法学部卒業
1982年　東京大学大学院法学政治学研究科修士課程修了
　　　　名古屋大学法学部助教授・東京大学大学院法学政治学研究科教授を経て
現　在　明治大学法学部教授，東京大学名誉教授，弁護士（第二東京弁護士会）
　　　　法務省法教育推進協議会委員（2015年12月～）
研究テーマ　法の社会科学，法と経済学，裁判学，AIと法，弁護士論，紛争解決学
主　著　『裁判における証明論の基礎』（弘文堂，1982）
　　　　『民事紛争解決手続論』（信山社，1990）
　　　　『社会科学の理論とモデル7　法律』（東京大学出版会，2000）
　　　　『AI時代の法学入門』（編著，弘文堂，2020）

【訳者】
堀口愛芽紗（ほりぐち・あがさ）
2021年　NPO法人法教育団体LEX設立
2022年　日本大学法学部卒業
現　在　明治大学大学院法学研究科博士前期課程在籍
研究テーマ　法教育の法社会学的研究
主論文　「現代法教育の効果としての法と法学への関心の向上の検証：高校生の法学部
　　　　志望増加に関連付けて」明治大学大学院法学研究論集59号（2023）

大塩　浩平（おおしお・こうへい）
福岡県生まれ　北海道育ち
2020年　明治大学総合数理学部現象数理学科卒業
2023年　明治大学大学院法学研究科博士前期課程修了（修士〔法学〕）
現　在　明治大学大学院情報コミュニケーション研究科博士後期課程在籍，明治大学経
　　　　営学部助手（Research Associate）
研究テーマ　ALifeと法，法的交渉支援及び家事調停サポート用Chatbot開発
主論文　「行動ファイナンス的アプローチによるミーム銘柄の法的規制に関する研究」
　　　　明治大学大学院法学研究論集57号（2022）79–101頁
　　　　「古代東アジアにおける法制度継受現象の数理進化理論的考察：律令制の日本
　　　　伝来に関して」明治大学大学院法学研究論集58号（2023）151–172頁

法教育の教え方と学び方 —— クリティカル・シンキングのすすめ

2023（令和5）年10月30日　初版1刷発行

著　者　コリン・シール
監訳者　太田　勝造
訳　者　堀口　愛芽紗・大塩　浩平
発行者　鯉渕　友南
発行所　株式会社　弘文堂　101-0062　東京都千代田区神田駿河台1の7
　　　　　　　　　　　　TEL 03(3294)4801　　振替 00120-6-53909
　　　　　　　　　　　　https://www.koubundou.co.jp

装　丁　宇佐美純子
組　版　堀江制作
印　刷　三陽社
製　本　井上製本所

ISBN 978-4-335-35959-0